花錢，是為了現在過不錯的日子；
存錢，是為了將來過更好的日子。

＊＊＊

你不需要成為有錢人才能理財，
但你需要理財才會為一個有錢人。

站在富人思維的出發點

林郁　主編

開場白

1．學會用「富人思維」思考，讓你越來越值錢！

改變思維是邁向卓越的第一步，你可以從這裡開始——

什麼是「富人思維」？究竟是富人思維使人變得富有，還是富了之後才有富人思維？這似乎像是一個先有雞、還是先有蛋的問題，但其實不是，當我們知道什麼叫富人思維之後，就會明白。我們通常所說的「富人思維」——嚴謹、明確地說，應該是「令人會變得富有的思維」。

這種事物存在嗎——因為思維模式的不同就可以使人變得富有？是的，你不要懷疑。但是具備了富人思維之後，未必意味著你就百分百一定能夠致富，因為富人思維既不是使人富有的充分條件，也不是使人致富的必要條件，它只是能提高你變成富人的機率。

窮人思維和富人思維，是兩種不同的心態和行為模式，它們在財富、機會、風險和自我投資等方面有著顯著的區別，這些區別往往影響一個人成長之後的財務狀況和生活品質——

一、對財富的不同看法

窮人思維通常把財富看作是有限的、稀缺的和難以獲得的，因此他們對錢有一種強烈的依賴和高不可攀的失落感。他們認為錢是用來消費和儲存的，而不是用來創造和增值的。他們往往過分關注短期利益，缺乏長遠規劃。他們也傾向於把自己的收入和支出看作是固定的，而不是可以改變的。

富人思維則把財富看作是無限的、豐富的和容易獲得的，因此他們對錢有一種自信和欣賞。他們認為錢是用來投資和增長的，而不是用來浪費和死守的。他們更注重長遠規劃，而不是短視行為。他們也傾向於把自己的收入和支出看作是可以控制和改變的，而不是被劃在圈圈內的。

二、對機會的不同把握

窮人思維通常把機會看作是稀有的、偶然的和需要運氣的。因此，他們對機會有一種消極和被動的態度。他們認為機會是別人給予或者天上掉下來的，而不是自己創造或者主動出擊的。他們往往缺乏自信和勇氣，容易放棄或者懷疑自己的能力。他們也傾向於把自己局限於傳統思維模式，不願意嘗試新的方式和理念。

富人思維則把機會看作是常見的、必然的和需要努力的，因此他們對機會有一種積極和主動的態度。他們認為機會是自己發掘或者主動爭取的，而不是等待或者依賴別人的。他們往往充滿自信和冒險精神，敢於嘗試或者挑戰自己的能力。他們也傾向於跳出傳統思維模式，以全球訊息化和各種多元化視角來看待事物。

三、對風險的不同看法

窮人思維通常把風險看作是危險的、恐怖的和需要避免的，因此他們對風險有一種厭惡和逃避的情緒。他們認為風險是會導致失敗和損失的，而不是會帶來機會和收

益的。他們往往過分保守和謹慎，不敢冒險或者嘗試新事物。他們也傾向於把自己的安全感建立在穩定和舒適的環境中，而不是在不斷的變化和挑戰中。

富人思維則把風險看作是必要的、有趣的和需要承擔的，因此他們對風險有一種欣賞和接受的心態。他們認為風險是會帶來成長和進步的，而不是會造成挫折和困境的。他們往往更加開放和創新，敢於冒險或者嘗試新事物。他們也傾向於把自己的安全感建立在自身的能力和信念上，而不是在外部的條件和環境上。

四、對自我投資的不同態度

窮人思維通常把自我投資看作是多餘的、浪費的和沒有必要的，因此他們對自我投資有一種忽視和漠視的行為。他們認為自我投資是花錢買東西或者享受生活，而不是提升自己的知識和技能。他們往往缺乏學習和進步的動力，滿足於現狀或者沉迷於娛樂。他們也傾向於把自己的價值看作是固定的，而不是可以提高的。

富人思維則把自我投資看作是必要的、有益的和有意義的，因此他們對自我投資有一種重視和尊重的行為。他們認為自我投資是花時間和精力提升自己的知識和技能，而不是買流行性質的時髦產品或者享受生活。他們往往有強烈的學習和進步的欲望，不斷追求更高的目標或者探索更多的領域。他們也傾向於把自己的價值看作是可以提高的，而不是固定的。

2．從窮人思維過渡到富人思維的建議！

很多人很可能一開始會為了夢想而忙，但到了後來卻忙得忘了當初的夢想！

從上面的分析可以看出，窮人思維和富人思維有著顯著的區別，並深刻影響著個人的發展。因此，如果一個人想要實現財務和個人的成功，他就需要從窮人思維過渡到富人思維。以下是一些從窮人思維過渡到富人思維的建議——

一、培養正確的財富觀念

要從窮人思維過渡到富人思維，首先要培養正確的財富觀念。財富不是一個零和遊戲，而是一個可以創造和擴大的概念。財富不是靠運氣或者偶然得來的，而是靠努力和智慧創造的。財富不是一個固定的數字，而是一個可以增加或減少的變數。財富不是一個單一的目標，而是一個可以帶來多種價值和意義的過程。

培養正確的財富觀念，可以幫助我們擺脫窮人思維的局限和束縛，開拓我們的視野和思路，激發我們的創造力和潛能，增強我們的信心和動力，讓我們會更加主動和積極地追求財富。

二、學習和改變行為模式

英國女演員艾瑪．華森說：「我不想讓旁人決定我是誰，我要自己決定！」

要從窮人思維過渡到富人思維，其次要學習和改變行為模式。行為模式是指我們在面對不同情境時所採取的一系列行動和反應。行為模式往往受到我們的思維方式和習慣所影響。窮人思維往往導致我們形成一些消極和被動的行為模式，比如：

- 缺乏目標和計畫，隨波逐流。
- 害怕失敗和挑戰，逃避責任。

・花錢大於賺錢，沒有儲蓄和投資。
・依賴他人或者外部訊息，缺乏自主性。
・只會抱怨和埋怨，沒有積極的心態。

要改變這些行為模式，我們需要學習和借鑒於富人思維所體現出來的一些積極和主動的行為模式，比如：

・設定明確具體的目標和計畫，有方向、有方法。
・勇於嘗試和冒險，承擔責任。
・節省開支，增加收入，合理儲蓄和投資。
・依靠自己或者內部訊息，有主見有決斷。
・學會感恩和保持樂觀，有積極性的正能量。

學習和改變行為模式，可以幫助我們從窮人思維轉變到富人思維，從而改善我們

的生活狀況和財務狀況。

三、建立正確的投資理念

沒有礁石，就沒有美麗的浪花；沒有挫折，就沒有壯麗的人生。

要從窮人思維過渡到富人思維，最後要建立正確的投資理念。投資是指用有限的資源去獲取更多的回報。投資不僅僅是指金錢上的投資，還包括時間、精力、知識、技能、關係等方面的投資。投資是一種長期且持續的過程，需要有耐心、智慧、策略、風險意識等素質。

建立正確的投資理念，可以幫助我們從窮人思維轉變到富人思維，從被動的消費者變成主動的投資者，從短視的眼光變成長遠的視野，從單一的收入來源變成多元的收入管道，從而實現財富的增值和保值。

窮人思維和富人思維是兩種不同的思維方式，它們對我們的生活和財務有著深刻的影響。窮人思維會讓我們陷入貧窮和困境，富人思維會讓我們走向富裕和成功。窮人思維和富人思維不是天生的，而是後天形成的，它們可以被改變和轉換。

要想擺脫貧窮和實現財務自由，我們必須實踐富人思維，而不是停留在窮人思維。實踐富人思維需要我們培養正確的財富觀念，學習和改變行為模式，建立正確的投資理念。這樣，我們才能擁有更多的機會和資源，更好地應對風險和挑戰，更快地達到我們的目標和夢想。

當然，要致富就必須先擁有富人思維，下定決心，讓自己成為富人，這是理財致富的第一步！如果你尚未擁有財富，那表示你對擁有財富還沒有足夠的慾望。而除了富人思維，每個成功人士都還有許多功課，爬上山頂不是為了讓全世界看你，而是讓你看到整個世界！當你認為自己已經盡了全力時，請記住一件事——其實你並沒有完全盡全力！因此，我們希望本書的每個篇章都對您有所助益。謝謝！

序章

九個重要的啟示

九個來自不同地方、不同職業的人，
他們親身經歷的事，告訴我們人生並不可怕，
你還是可以活得快樂、可以出人頭地……

1．多想百分之九十的好

——維萊瑞・史璜生

維萊瑞・史璜生從明尼蘇達州一個小鎮來到紐約市，想開創一番演藝事業。她高中時是戲劇團的明星，三年級的時候更被校友會選為校花，四年級的時候再度當選。她在當地的大學讀了兩年，成績優異，並且在年度戲劇演出中擔任主角，因此她決定到紐約來讀美國演藝學院。在演藝學院裡，她不得不與更有天分的男女青年競爭，她的成績並不好。下面是她在培訓班上的發言——

我的長相還不錯，又有一些天分和經驗。但是和其他年輕人相比，我並不是可以在演藝界獲得成功的材料。我煩惱了好幾個星期，晚上睡不好，在學院的表現就更糟糕。最後，在幾個月以前，我退學了。我不敢告訴父母，但是我認為自己既然不上學了，就不能接受他們寄來的錢，因此開始找工作。但是我又能做什麼呢？我沒有任何一技之長可轉行去坐辦公室或做任何工作，因為我過去的一切夢想和計劃，都是以演藝事業為終身職業。

遭到多次挫折之後，一個就業輔導單位的女士注意到了我，她建議我不妨看看自己的長處。她說：「幾年前有一首流行歌曲，你要記住其中的兩句歌詞——加強優點，消除缺點。」

於是，我回顧不太長的過去，看看自己有什麼長處，我記起過去在舞台上得到的快樂，我有在人群前說話很流利的能力，我也有相當的智慧——至少我在學校裡的成績還不錯。

之後，我不再為沒有真正的演藝天分而懊惱傷心了，我開始想怎樣加強我的長處。我決定回學校讀書，取得教師資格。為了學費和生活費，我重新去學打字，現在得到一份接待員的工作。我重視自己的所有長處，希望在未來能發揮這些長處，創造一番滿意的事業。

——在我們的生活中，大約有百分之九十的事還不錯，只有百分之十不太好。如果我們要快樂，就要多想想百分之九十的好，而不去理會百分之十的不好。

2．我熱忱，我成功

——著名推銷員　派特・貝格爾

當時是一九〇七年，我剛轉入職業棒球界不久，遭到有生以來最大的打擊，因為我被開除了。我的動作無力，因此球隊的經理有意要我「走路」。他對我說：「你這樣慢吞吞地，好像在球場混了二十年。法蘭克，離開這裡之後，無論你到哪裡做任何事，若不提起精神來，你將永遠不會有出路。」

本來我的月薪是175美元，離開之後，我參加了亞特蘭斯克球隊，月薪減為25美元。薪水這麼少，我做事當然沒有熱忱，但我決心努力試一試。待了大約十天之後，一位名叫丁尼・密亨的老隊員把我介紹到新凡去。在新凡的第一天，我的一生有了一個重要的轉變。

因為在那個地方沒有人知道我過去的情形，我決心變成新英格蘭最具熱忱的球員。為了實現這點，當然必須採取行動才行。

那天，我一上場立刻感覺到渾身是勁，就好像全身帶電似地。我「玩命」地投出快速球，把接球的補手的雙手都震麻了。

記得有一次，我以強烈的氣勢衝入三壘時，那位三壘手嚇呆了，球都忘記接了，我就盜壘成功了。

當時氣溫高達攝氏四十多度，我在球場奔來跑去，我曾擔心自己會中暑。

這種熱忱所帶來的結果，真令人吃驚，產生了下面的三個作用：

一、我心中所有的恐懼都消失了，發揮出意想不到的潛能。

二、由於我的熱忱，其他的隊員跟著熱忱起來。

三、我沒有中暑，我在比賽中和比賽後，感到從沒有如此健康過。

第二天早晨，我讀報的時候，興奮得無以復加。報上說——

「那位新加進來的派特，無疑是一個『霹靂手』，全隊的人受到他的影響，都充滿了活力。他們不但贏了，而且是本季最精彩的一場比賽。」

由於我熱忱的態度，所以我的成績大幅度提高，我的月薪由25美元提高為185美元，多了將近7倍。

在往後的兩年裡，我一直擔任三壘手，薪水加到三十倍之多。為什麼呢？就是因為一股熱忱，沒有別的原因。

後來，我的右手臂受了傷，不得不放棄打棒球。接著，我到菲特列人壽保險公司當保險員，整整一年多都沒有什麼成績，我因此又變得很苦悶。

但後來我參加了卡耐基課程，我又變得熱忱起來，就像當年打棒球那樣。

（編按：目前，他是人壽保險界的大紅人。不但有人請他撰稿，還有人請他到處演說，要他介紹自己的故事來激勵他人。）

我從事推銷已經二十年了。我親眼見到許多人，因為對工作抱有熱忱的態度，使他們的收入成倍增加，並獲得人生的成功。我也見到另一些人，由於缺乏熱忱而走投無路。我深信惟有熱忱的態度，才是成功推銷的最重要因素。

3．從事自己喜歡的工作

——琴貝莉‧柏格絲

俄亥俄州甘比爾市卡耐基課程的一名學員琴貝利‧柏格絲，應用我的方法克服了憂慮後，深為感動，寫了下面這首詩。

生命短促，
不容徘徊於過去；
現在和未來，
也將迅速離我們而去。
不要為過去煩憂，
雖然它們永活在心中，
不拋棄我們將不懂得再捕捉。

活出生命，
掌握住每一個日子；
不要為未來憂慮，
也要把昨天忘記，
因為昨天已經逝去。
而今天卻是一個嶄新的日子，
如果懂得掌握，
你就能做很多新鮮的事。
每天都充滿著活力，
雖然有希望也有失望，
但都不要太沉溺，
因為一切都會過去。
過去曾是現在，
而現在也會過去。

未來就要到來，
轉瞬又將飛逝。
活在今日，
明天正接踵而至。
活出生命，
因為生命很快就消逝。

我的人生經歷告訴我，在所有征服憂慮的原則中，最為有效的是以下三個步驟：

步驟一：問問你自己，可能發生的是什麼？

有一年，我所在工廠的老板因為犯罪而被捕了，我非常憂慮，我怕陷於其中不得脫身，又怕萬一被開除了，全家人面子上會不好看。我懊惱自己一輩子都不會有所成就了，我開始腸胃痛。

醫生開了藥給我，但是沒有效。我只有在周末不上班的時候腸胃才不痛，可是星

期一一上班，我的腸胃就又痛起來。

這樣持續了幾個星期後，我在一家書店裡瀏覽，看到了卡耐基《如何停止憂慮開創人生》這本書，我翻到第二章所列的「凱利公式」的時候，立刻決定把這個公式用在我身上。

步驟二：可能發生的最壞的情況是什麼？

我不可能被開除，大公司很少開除人。但是我可能陷身在這無聊的工作中好幾年，不能夠脫身。

如果無計可施了，就準備接受最壞的情況。

我首先想到，我要接納目前的工作，因為它安定可靠，但是我很快地就專注於思考「如果有計可施了」這句話，冷靜地想辦法把最壞的情況做些改善。

步驟三：我可以請求調職來改善我目前的情況！

在今天來說，這確實是一個好辦法，但是那時候卻從來沒有聽說過哪位低級職員主動要求調職的，通常調職是高級管理人員的事。不過，我覺得自己再也不能這樣拖下去，因此，第二天我就去找公司裡的一位高級主管請求調職。後來，我被調到南美去做一份比較有意思的工作。

還有，我一調離那無聊的工作，我的腸胃也不痛了，而且一直沒再發作過。

——杰克・莫拉諾

4．我不再指望他人的感激

在賓州阿倫敦市卡耐基課程上，杰克・莫拉諾告訴他的同學說，他浪費了五年的時間，每天都記恨侄子不知感激的故事——

我六十歲的時候，決定用送禮物而不接受禮物的方式來慶祝自己的生日。我沒有子女，於是就送給三個侄子各一百美元。侄子們非常驚喜，說了感謝話，但以後再也

沒有提起過這件事，他們沒來看我，甚至於電話也不打一個。到了第二年的生日，他們也沒有了「消息」，更沒有寄上一張生日卡片來。在五年的時間裡，我一直念著侄子們不知感恩，不斷地告訴朋友這件事，甚至晚上做夢都夢到這件事，這使我過得很不愉快。

有一天，我在書店裡無意中看了《如何停止憂慮開創人生》這本書後，才認識到人不知感激的情況非常普遍。

卡耐基告訴我們，耶穌在一天下午治癒了七名痲風病患者，只有一名患者感謝了他。如果我們期望別人感激，我們就是自找失望——傷心和痲煩。卡耐基建議我們，如果要生活快樂，就不要期望感激的事，我們送人東西只是為自己付出的快樂。

正像很多接受卡耐基這項建議的人一樣，我不再過分期盼別人的感激，生活也就快樂多了。

杰克不再指望他人的感激，所以他克服了憂慮。

別人不感激、不欣賞我們而引起的憤恨，是造成憂慮的一個重要原因。

5．「平均率」幫我克服憂慮

——亞瑟・羅勃茲

二十世紀五十年代早期，很多美國青年背上了小背包，開始雲遊四方，我的兒子也這樣做了。

他才十八歲，說是要去「尋找自我」，他一心依靠搭便車跑遍美國。我和太太被嚇糊塗了。

我們在報上看到年輕人在路上遭到攻擊的事。我們想像他攔便車的時候給大卡車撞倒；淪入吸毒、不良幫派，或受到其他壞影響；我們怕他會被關進牢裡、送到醫院，甚或是一個偏遠市鎮裡面的陳屍所。

每次電話鈴響起，我們就嚇得要死——生怕可能傳來什麼可怕的消息。

我記起了戴爾・卡耐基的忠告：「我們要看看記錄。我們要問問自己：根據平均率，我所憂慮的事發生的機會有多少？」

我到紐約市警察局求救，警察告訴我們不用擔心，因為他們的記錄顯示，出走青年中只有極小部分遇到過麻煩。我在美聯社工作的朋友，也證實離家雲遊的青年，只有極少數鬧出新聞來。太太和我就不再過度緊張，接受了當前的情況。

他在三個月以後安全的回來了。

如果我們不把卡耐基的原則應用到這個問題上，我們可能早就精神崩潰了。

計算事故的「平均率」幫助羅勃茲克服憂慮。這個方法對我們所有人同樣有效。

——珊德拉・墨菲

6・不要為自己的長相而自卑

我過去常用膠布把鼻子拉起來，以為這樣它就會挺起來，但是沒有效果。我不讓人從側面看我。學生時代的我，一直為我的鼻子煩心。

畢業後我進入商界，還一直為我的鼻子煩心。我想如果我有一個漂亮鼻子，別人就會喜歡我。最後我去做了美容手術，在醫院裡，他們割開我的鼻子，把我的鼻子墊高。手術之後我的眼睛。有黑圈，面頰腫大，過了幾個星期才消失。

由於第一次手術不好，六個月以後我又動了一次手術。

再過了六個月，我在車禍中撞壞了鼻子，因此又做了第三次手術。

為了希望美麗，我的鼻子動了三次手術，你相信嗎？當我回家的時候，母親和朋友們根本沒有一個人注意到我的鼻子的改變。

那些喜歡我的人仍然喜歡我，那些不注意我的人還是不注意我。

我學到的一個經驗是：人們因為你的為人而喜歡你，而不是因為你的樣子。不幸的是，我已經為我的鼻子憂慮了很多年。

朋友因為我們的優點而喜歡我們，我們應該與那些喜歡我們優點，而不看重我們缺點的人做朋友。

7．幫助別人，克服憂慮

——露絲·佛洛爾

「八年以來我非常不快樂，」有位太太對同學們說，「我的子女都長大了，不再需要我了，我覺得非常空虛。

「一個星期天早上，我的鄰居又哭又叫，語無倫次的。我跑到她家，發現她昏昏然地到處亂走，顯然很不舒服。我把她弄上床，請了醫生來，接著連續四天，我奔走於兩家之間，照顧她，也照顧我自己的家。到了第四天，她覺得好了一點，我給她揉揉背，她說，『你知道嗎？你真像一名護士。』從那個時候開始，我所能夠想到的就是去做護士這樣的事。第二個星期，我到附近一家醫院去，院方接受我做一名志願護士，我非常喜愛這項工作。

「那一年年底，我申請參加了他們的護士學校。那是我一生中最辛苦的一年，我必須在早上七點鐘到達醫院，下午四點鐘回到家，還有家務要做，晚上更要做三、四個小時家庭作業。好幾次我想放棄不學了，另一名婦女和我同是班上最年長的，我們必須互相打氣才能堅持下去，最後我們兩個都畢業了。畢業那天是我一生中最快樂的日子，家人和朋友都參加了我的畢業典禮。

「此後我繼續努力，成為有執照的護士，並獲得護理學的準學士學位，現在正向學士學位努力。我的家庭問題以及空虛的感覺都一掃而空，我忙於我的新事業，並且樂在其中。」

我們的長處可以因為幫助別人而獲得加強。

無所事事的人常會給自己添加麻煩；忙碌的人，尤其是忙於幫助別人的人，就沒有時間沉湎於憂慮中。

於是，佛洛爾太太通過了幫助他人，而克服了自己的憂慮。

8．今天就是你昨天所憂慮的明天

——羅勃・柏蘭

出乎意料的，責任突然加在羅勃・柏蘭的身上，使他由一個快樂的人變得憂慮重重。他的老板突然得了冠狀動脈血栓症，他必須負起那個部門的全責。他後來說：

「開始的時候，我感覺到我的工作有些混亂，後來更是一塌糊塗。我的老板是一個把一切都放在自己的腦袋裡面的人，不希望別人超過他，他每次只告訴你一點點情況，讓你摸索著去做。不久，我就開始憂慮，怕自己不能承擔起領導責任，因而面對日漸累積成山的工作，我根本不知道該從哪一件著手。我還擔心同事會不會改變他們對我的友好態度。而更糟糕的是我下班之後還憂慮個不停——我把憂慮帶回了家。

「我晚上睡不好，在床上翻來翻去，第二天又面臨著似乎沒完沒了的工作。

「在陷入這種情況三個月之後，我參加了卡耐基的課程。

「一天下午，我拿起《如何停止憂慮開創人生》這本書，讀下去，突然認識到我是多麼愚蠢。我發現儘管我憂慮不停，工作還是做得不錯，並且還常常得到上級的誇獎。我過去那麼憂慮真是太傻了。從那天開始，我決定過一段時間，就用一天的時間來過『獨立的今天』的生活，這竟然非常有效。

「我對卡耐基引述的某些格言，印象特別深刻。例如——『今天就是你昨天所憂慮的明天』。」

柏蘭用「用一天的時間來過『獨立的今天』的生活」——克服憂慮。

9．做你認為正確的事

——大衛・科普菲爾

共有34名男女在聆聽一位26歲電腦公司經理大衛・科普菲爾的演說。他對工作毫不懈怠且精力充沛。他以快言快語的講話，還經常不自覺地向上提一提老是往下掉的

褲子。他興致一來時，燈心絨長褲便又再度下滑，他興奮得像個七歲孩子在遊樂場內摒足氣息地等待輪到他投擲沙袋……

他有一頭亂而鬈的金髮，金絲框眼鏡一直滑落至鼻梁。當他演說時，他走向聽眾，止步、轉身，然後再度快速前進、止步，他快速地說著：

「我來自距此地50英里的小鎮，一個很小的城市，你前所未聞的小鎮。

「我的父親在鋼鐵廠工作，或者說他一直在那裡工作直到無法的再做時。我有四個兄弟，他們都留在家裡，所以我的家人們都認為我也會留在家裡幫忙。然而，我一直想上大學，雖然沒有對父母說過，但是我確實渴望上大學。在他們看來，我這樣做違背了父母的意志似的，因為我的任何一個兄弟都不會像我這樣，他們都會留下，如我父親般的工作，所以……所以，有一天我告訴父母，我中學畢業後我還要上大學。我是長子，他們不明白我為什麼會那麼做——我『遺棄』了他們。我的母親——她現在沒事了——但當時她真的氣瘋了，她說，『你這個叛徒，你丟下我們，你滾！我再也不想看見你在這個家裡多待一夜。』我的父親現在也沒有不高興了。然而，我永遠無法忘記那個晚上的情形。

「他坐在電視機前面，我收拾著東西，我把一些東西丟進袋子裡，因為我知道我母親是當真的，她不希望我在家裡多待一晚。當我帶著提袋走過父親面前時，他的目光從電視螢幕上轉向我，淚眼盈眶地看著我說：『你怎麼能做出這種事了？』

「我走了，去了一個朋友家，因為我知道我可以住在他那裡。5英里的路程令我感到極度寒冷。我只穿了一件薄夾克，那是我帶走的所有物品。我不停的思考：『我是否做對了？是否做對了那件事？是否做對了那件事……他們不希望我離開，我卻離開了，但我必須離開。』我是對的。

「所以我和朋友住在一起，讀完中學，上了大學。之後，我有了這份工作。我做得很好，現在是公司的經理而且不久即將成為總經理。我很久沒回家了，但是我成功了。我上一次回家的時候，聽到母親反覆向鄰居提到我，她告訴他們她為我能由大學畢業而感到驕傲，從她的聲音裡，我真的聽出了她的驕傲。

「我不需要再煩惱了，我告訴自己必須那麼做，因為那是對的。現在的我成功了，它帶給母親滿足與高興。我知道如果我只待在那裡，做他們要我做的事的話，所

有的一切將不會發生。我要說的是，做你認為正確的事，對你自己將有莫大幫助。」

——做自己認為正確的事，幫助科普菲爾成功。

第 I 章

尋找生命中的貴人

人是社會的一份子，無法離群索居。
因此，一個人不能沒有朋友。
沒有朋友的人，他的內心只能是一片荒涼的沙漠。
所以，作為現實生活中的男人和女人們要想活得充實而又多采，
首先得找到真正的朋友——生命之中的貴人。

1．貴人就在你身邊

眾裡尋他千百度，

驀然回首，

那人卻在燈火闌珊處！

——的確如此，當你整天抱怨人心難測、世態炎涼的時候；當你執意尋找一生中的真愛之際，你是否注意到，周圍還有許多一直都在關心著你的人？

其實你大可不必抱怨，為什麼你老是找不到你想找的貴人，因為所謂「貴人」，其實他（她）一直就在你身邊。

簡單地說吧，大部分的人認識新朋友都是在一些尋常的場合，比方說工作交往，親戚朋友的介紹，家庭聚會，學校課堂等等。你瞧，以上所說的時機有哪個是苦心經營的？所以現實的做法不是挖空心思，拼命去尋找會面的浪漫場合，而是抓住身邊這些平淡的機會。

不管是《西雅圖夜未眠》還是《穿越時空愛上你》，人們很容易受到浪漫電影的影響，所以許多人總是在尋找一次浪漫的相遇。假如遇到的人並非是在「浪漫巧遇」的情形下，那他們就會這樣以為：「那個人絕對不是我的真命天子，因為命運之神幫我們安排的邂逅，一定會比這個更加浪漫。」

這樣的想法不僅不切實際，而且只能是一廂情願的「空想」。你要知道，能夠與對方浪漫相遇的機率是微乎其微的。所以，假如你已經找到了知己或命中注定的伴侶，那就要好好地珍惜對方，不要把心思放在無關緊要的碰面的場合上，畢竟「人」對你生活所產生的影響遠遠比「場合」重要得多，你說不是嗎？所以，請你珍惜身邊的機會吧！

「興趣」與「價值觀」是判斷對方是否為良師益友的兩大法寶。在這裡我們必須指出，與人接觸並不代表你已經找到了真正的朋友，如果你的「朋友」不能和你分享你的快樂和痛苦，那麼他並不是你真正的朋友，你還是無法擺脫內心的寂寞與困惑，更無法真正地快樂起來。

真正的朋友不僅能夠同你分擔你的快樂和痛苦，而且你們在興趣與價值觀上的看法應該是十分接近，因為任何人都是無法與在興趣和價值觀上完全不同的人，變成一

對好朋友。

在興趣和價值觀上非常相近的人們，即使彼此很陌生，但在他們的內心都有一種與之相交的衝勁。因此，他們會更加輕而易舉地成為彼此的知己。

「時間大概是在三年前吧！我在書店碰到了我畢生的好友——莉。」雯說道：「我有逛書店的習慣，一個星期至少會在書店『朝拜』一次。有一天，我瞥見莉，當時在我的腦海裡閃過的第一個念頭就是：這個人很特別！接連幾次我都看見她，甚至有時我們還會停步，彼此打量一下對方，但是始終沒有交談。而我不得不告訴我自己，這個人喜歡閱讀，而且她的閱讀範疇實在和我太相近了。這種巧合實在是太難得了，所以我終於鼓起了勇氣和她說話。

「說老實話，那一剎那間我真的滿緊張，生怕自己會踢到鐵板，沒想到她的反應非常之熱切，而且還告訴我說她早就想和我說話了，只是不知要如何開口。

「我們倆越聊越起勁，後來就在附近的咖啡廳坐了坐。這一聊可就沒完了，我倆趣味非常相似，除了住的地方很近外，我們的小孩的年齡也相仿，然而最重要的是，我們喜歡閱讀相同題材的書籍。從那天開始，我多了一個非常知己的好朋友，彼此相互關懷，而且知心。」

事實證明，興趣和價值觀相近的人們，是很容易相互接觸的，而彼此成為知己，則是接觸之後的必然發展趨勢。

我相信絕大多數人都曾經有過這樣的經驗，那就是當你和陌生人相談時非常暢快，並且有著「他知道我的想法」或是「對了，我的知己就是他」的感慨，而這時候的他的興趣與價值觀一定與你相差無幾。

另外還有一種可能，那就是對方有極高的意願分享你的興趣和價值觀，所以你也會因此而有極高的意願與此人繼續交往。而價值觀和興趣相近的人往往會出現在共同的地方。因此，試著常常到你的價值觀與興趣所在的地方，你才會有更多的機會可以找到和你志同道合的良伴！

現實生活中，許多人都會有這樣的困惑，那就是：我究竟到哪兒才能找到志同道合的知己呢？其實這個問題一點兒也不難解決，比如說你喜歡看書，那你就經常逛書店，通過對方買書的特點，你可以推斷他的欣賞趣味；如果你比較喜歡美術，那就要

經常去看看畫展，你可以通過對方對某些畫的喜好，看出他的品味等等。

2．與陌生人聊天

聊天是一種隨意性的談話方式，天地風雲世間萬物都可成為聊天的主題。

多和別人聊天，有時會讓你有意想不到的收穫。我和妻子的相識相知就是從在火車上的閑聊中開始的。而那次閑聊，也就成了我不可磨滅的記憶。

記得大學二年級開學返校的途中，當時的她——現在的妻子就坐在我身旁，當時她給我的感覺很一般，同時由於彼此還很陌生，因此在很長一段時間內，我們都沒有說話。但是長途的無聊旅行，使我們都寂寞難耐，於是我開始主動和她搭話，沒想到這一搭話，就一發而不可收拾。一路上我們從古聊到今，從世界風雲聊到個人生活，閑聊使我們消除了彼此之間的陌生感。在閑聊中，我發現我們的興趣是如此地相近，我們常常會因在某一件事上的相同觀點而開懷大笑。

在不知不覺中，列車到達了目的地，快要下車的時候我問她：

「你最喜歡什麼顏色？」

「淺藍色的！」

「我也是。」

突然，我有一種感覺，我好像在戀愛了。沒有牽手，沒有擁抱。僅僅因為聊得投機，我居然陶陶然地有了一種戀愛的感覺……

如今，孩子都已經大了，有一次，我問她：

「你覺得我們是從什麼時候開始戀愛的？」

「從在火車上的聊天後，我就覺得我可能會嫁給你了！」

所以，我一直都非常感激那次聊天！

人是無所不在的，有時，你會在住家附近的咖啡廳、便利商店、加油站、美髮中心、超級市場等處遇到和你交談甚歡的人，如果不好好把握，機會是不會等人的！

正如有人說：「水，到處都是水，但我總是喝不著。」為什麼呢？這種情境就是你覺得與社會疏離，總是孤孤單單一個人，走在街上，你就會覺得到處都是人，卻沒有任何朋友。

要如何才能克服這種疏離感呢？首先你要跨出大步，與人接觸，才有可能讓陌生人成為你的朋友。所以建議你先試著和隨處可見的人說說話，話題不拘。

到了藥房，不妨聊聊醫療保健的事情，醫藥分家後，有許多相關議題在媒體上引起廣泛的爭論，這是個可以提出討論的好話題；買衣服時，可以徵詢店員或是鄰近顧客的相關意見；排隊等公車時，若是遇到感覺還不錯的人，那就試著談談天氣，只要你能表現出你最大的誠意，碰到對方沒有善良回報的機率會降低許多，相反的大部分的人會很高興有人想跟他說話。只是風向標要瞄得準，如果有人真的就是給你擺臉色，那麼摸摸鼻子趕快走，千萬不要再拿你的臉去貼別人的冷屁股！

總之，在講究「誠信」的大原則下，與周圍的人善意地溝通，你會發現其中總會有些人是談得來的，因此與之建立真正的友誼也就不是什麼難事了。

但與人聊天也必須注意——

1．說話要有根據　古語說得好「君子以言有物而行有恆」。日常生活中的說話一定要以根據為基礎，言中有物，不得有偽。

2．**說話要有分寸**　該說的話一定要說，但說完之後一定要有「信」，同時說話要有限度。人，必須說話，不說話，「心氣」就難以泄出，但若逢人就亂講海說，不該說的說了，不該講的講了，就會喪失人的尊嚴。

3．**「良言一句三冬暖，惡言傷人六月寒。」**　即使是實話，也會演變成「一話十說」，惡語中傷或過於真言，均會造成人群中「冰塊」的產生。因此，講話要有技巧。

4．**逢人只說三分話**　俗話說「言多必失」，所以聊天過程中，也要注意保守心中的祕密。這絕不是虛偽，因為每個人都有保守自已祕密的權力。

沒錯，開放心胸跟陌生人說話，然而，另一方面也別忘了留意潛在的危險，雖說人與人的交際，不要過分心存戒備，但也要不斷提醒自己，並非每一個人都可以相信，也不是每件事都像表面所見。

有一些行為較異常的人、沒有誠信觀念的人等等，往往會利用廣告、交友介紹所及網路等說假話（特別是目前網路詐騙盛行，不得不防），而上當的大多是孤寂的人。因此，在你和他深交之前，先儘量打聽清楚與他相關的訊息，好好地旁敲側擊一番，才免「誤上賊船」。

3．先愛別人，別人才會愛你

俗話說：「種瓜得瓜，種豆得豆」，事實也是如此。生活中，如果你想要獲得什麼樣的果實，那就得付出相應的努力或代價。

是的，只有懂得付出的人，才能獲得真正的回報。

愛也是這樣，如果你想獲得別人的寵愛，首先你得對別人付出你的愛！

這種寵愛，就是有條件的寵愛。

天下沒有白吃的午餐。

「如果要得到父母的寵愛，那表現就得很好！」這是許多小孩子都懂的道理。

作為現實生活中的成年人，更應該懂得付出的道理。

如果你想獲得朋友的寵愛，那你必須真正的去關心他們。

如果你希望得到你的伴侶的寵愛，那麼就得盡到你的責任。

所以應大量地去付出你的愛！

不過，要注意的是——

一、不要企圖從無愛的人那裡獲得愛

如果你覺得付出的愛沒有得到相應的回報，你還會得到更多的無價的饋贈嗎？道理是顯而易見的。愛人要看對象。如果你真的遇到了鐵石心腸的人，那就趕快煞車。否則，你那愛的小溪就會斷流，以至涸竭。

二、拒絕情感化的暴力

在兩個人的親密關係裡，如果有一方受到另一方的主宰，這被稱為施虐、被虐狂。施虐被虐狂不一定只作用在肉體上，也可能發生在精神上。

而在施虐者與被虐狂之間，很難有真正的情感存在。人與人之間的交往貴在真心，如果只是一味地乞討別人賜予你的情感，這種情形不過是飲鴆止渴，解決不了問

題——只是自欺欺人罷了。

三、真正的朋友，真正的付出！

心心相通的心靈可以在一起抵禦各種不利的因素，而只能同甘甜不能共患難的朋友則在你有了哪怕一點小小的麻煩的時候，就會離開你。而這種人是不值得你為他付出的。只有真正的朋友，真正的付出，才會有真正的收穫！

還有一種情形是出在你自己的身上，你是否在交友的過程中，常常隱瞞住自己的情感，而沒有坦露出自己的真誠呢！

四、高興接受禮物

能夠自我肯定的人，通常都會十分坦然的接受，並且大大方方地向對方道謝。

如果你送給某人一件禮物，你希望出現哪種場面——是他高興得尖叫一聲，口裡直嚷著：「哦，太好了，這正是我想要的！」——還是把它放到一邊後說：「哦，真是的，你送這幹啥」呢？

哪一種回答，會使得你最有可能再給他送一件禮物呢？

所以當你接受別人的禮物時，要表現出發自內心的喜悅，不要讓——「天哪，現在我必須買一些禮物作為回報」的想法，破壞了這美妙的一刻，只要充滿感激，說聲：「謝謝你！」並且意識到這一點就足夠了。

五、快樂接受讚美

如何接受別人的讚美，學會接受就是學會接納自己。

如果你買了一件新衣服，而且你也知道你穿上它很美，如果有人讚美你，你不要用諸如——「樣式老了點」之類的自謙破壞這種讚美，而是要認同他們的讚美，並說：「的確是很好嗎？我就喜歡這衣服。」

同樣，如果你很好地完成了一項工作，別人要讚美你，你不要說任何人都可以做這項工作。也許別人能夠做這項工作，但現在關鍵是你完成了這項工作。所以應該說：「我也真的很高興。」

六、勇敢接受愛情

當你暗戀中的一個很出色的人如痴如醉地愛上了你時，也許你會不由自主地在想：她或他的大腦或者眼睛是不是該去檢查一番？

「她（他）怎麼可能會愛上我呢？」你會問自己：「我會咬指甲、我長相一般、我甚至心直口快常常會得罪人呢！」

這時，你要重新估量一下你自身的優點，而不是把缺點集中在一起。

你要相信，你所感覺到你不好的一面在你的人生中只是白玉中的一點瑕疵而已。只有這樣，你才能夠完全接受別人對你的愛。

4．開口說出你的需要

「我為什麼總是得不到我想要的東西？」

也許原因就在於——你從並未提出過要求。

一般人誰也不是測人心術者，你無所求，自然也就無所得。

安曾當過法律祕書，如今是位全職家庭主婦，育有五名子女。她對丈夫最最不滿的地方，就是她的丈夫經常忽視那些對她而言很重要的時刻。

她哭著對她的心理醫生說：「我從來沒有忘記過他的生日呀！也沒有忽視過父親節，每當屬於他的節日到來，我都會為他精心準備特別的晚餐，送他卡片，上面寫滿我的愛意，再送他包得美美的禮物。你瞧，我是多麼重視他，他被我伺候得好像天皇一樣。但是當我過生日或是母親節時，還有結婚紀念日的時候，我連一張用便條紙做成的卡片都沒收到過，更甭提什麼小小的禮物。沒有，他從來沒有過！就算過聖誕的時候也一樣。」

她的淚水有如黃河決堤，一發而不可收，安啜泣地說：「這真傷人。」

她的心理醫生一邊給她抽取衛生紙，一邊以專業的口吻問她：「那麼，當他忘記送片或是忽視這種特別的日子時，妳都是怎麼做的呢？」

她擤擤鼻涕後，表達了對問題的困惑：「為什麼這麼問？我當然沒有做什麼呀！我努力微笑，勇敢地讓它過去。我猜我表現得很開朗，就像什麼都沒有發生一樣。」

「安，妳這樣的表現，只會傳遞給他錯誤的訊息，我相信妳那呆頭鵝的先生，一點也不知道妳在生他的氣！所以，妳得告訴他，在特別的日子裡，妳——想要張卡片和禮物。」心理醫生說。

「如果我開口要求的話，那就沒有意義了呀！」安繼續表達她的疑惑。

「那麼，妳不就是在期待他會有讀心術了？妳覺得自己受傷了，對他心生怨恨，卻沒有給他半點機會。也許他真的以為一切都沒問題，以為妳從頭到尾根本不在乎有沒有收到卡片和禮物。」

「他，怎麼可能？」安瞪大了眼睛。

「妳的詫異並不能否認這就是事實。」醫生說：「你得給這傢伙一點時間，開口告訴他，妳要什麼，告訴他他的表現對妳而言有多重要。」

安想了之後，接受了醫生的建議。事情果然有了一百八十度的大轉變，她的丈夫不但樂於接納她的想法，而且還在每一個特別的日子裡都給她送卡片和禮物。

同時，安也明白，這代表著丈夫真誠的愛。畢竟他是真的深愛著她，深到非常願意回應她的要求。

從安的例子當中，我們可以得知，在某些時候，開口表明：「我想要個擁抱」、「親親我吧」、「幫我按摩一下肩膀」等感情要求，比三緘其口苦守寂寞要強得多。

也許你以為有所求是錯誤的，因為你覺得那是自私的，對嗎？也許你害怕提要求，怕別人不再喜歡你，是嗎？也許你不願所求，覺得那樣太麻煩了吧？或者也許你就是不想受惠於人吧？

無所求是對人自身的一種否定，是對自我價值的忽視。一旦開始自愛，並主動提出合理要求，你就會發現得到自己想要的東西，並不是一種很難的事。

並不是任何時候別人都能接受你的要求。接受要求，也需要時間、時機、環境等外在條件。孩子犯了錯誤，也知道挑選父母高興的時候認錯，他親呢地走過去，附在平日嚴格的爸爸耳邊，趁爸爸笑著的時候，輕描淡寫地簡述其犯錯的過程。這是一種看對時機的心理戰術。

恰到好處地運用一些技巧，可以減少許多意想不到的波折和麻煩。雖然好事多磨，但誰都更願意多好事而少折磨。

一、投其所好

還是那句話，要想獲得：首先必須學會付出。要想接近對方，獲取對方的寵愛，就得主動尋找對方關心的事情。喜愛的活動，培養和增強雙方的感情。這種方法比面對面地、平白無故地對對方要求來得更實際而更有把握。

二、把握時機

你肯定不會在別人死了娘的時候去進行微笑外交吧，當然也不會在別人怒氣沖天的時候提出要求。

除了這些極端的情形，平日的求「愛」時機是大有文章可做的。

首先，向對方提出要求時，應了解對方是否有滿足你的欲望，這就是瓜熟蒂落，強摘的瓜不甜。其次，在你欲向對方表白的時候，最好正值其情緒穩定，或激情高漲之際。

三、創造環境

在溫馨的環境下所提出的要求更容易被別人接受。

這裡指的是，在洋溢著某種特定環境中的情調與氣氛之中。

優雅的場所，柔和的光線、愉悅的色調、得體的打扮等等，在這種環境之下，情感更容易融洽、言語也就更容易投機。所以，你的要求也就更容易得到滿足。

四、真誠大膽

說千道萬，別忘了這至關重要的一條——

那就是臨陣勇敢，信心十足，英姿勃發。

千萬不要認為自己開口，就會失去被寵愛的意義，就會有損自己的形象或尊嚴。

因為即便再親密的人，也無法未卜先知，無法知道你需要些什麼？所以不管是明示或暗示，你都可以大大方方的說出來。

5．多愛自己一點點

對自己充滿自信的人，往往會活得神采奕奕，信心是一種心境，有信心的人不會在轉瞬間消沉沮喪。而沒有信心的人，只能成為困難和危險的階下囚。

美國賽利曼博士是一位著名的心理學家。他花了二十多年，找了一萬多人做一些心理實驗，實驗的結果顯示，悲觀的人往往會自怨自艾生出病來，有些嚴重的甚至曾導致死亡。

同時，塞利曼博士還舉了下面這個實例來說明——

一家鐵路公司有一位調車人員尼克，他工作相當認真，做事也很負責盡職，不過他有一個缺點就是：他對人生很悲觀，常以否定的態度去看這世界。

有一天，鐵路公司的職員都趕著去給老闆過生日，大家都提早急急忙忙地走了。不巧的是，尼克不小心竟被關在一個待修的冰櫃車裡面。

尼克在冰櫃車裡拼命地敲打著、叫喊著，全公司的人都走了，根本沒有人聽到。

尼克的手掌敲得紅腫，喉嚨叫得沙啞，也沒人理睬，最後只得頹然地坐在地上喘息。

他愈想愈可怕，心想：冰櫃裡的溫度只有華氏零度，如果再下去，一定會被凍死。他只好用發抖的手寫下遺書。

第二天早上，公司裡的職員陸續來上班。他們打開冰櫃，赫然發現尼克倒在地上。他們將尼克送去急救，已沒有生命迹象。但大家都很驚訝，因為冰櫃裡的冷凍開關並沒有啟動，這巨大的冰櫃裡也有足夠的氧氣，更令人納悶的是，這個櫃裡的溫度只是攝氏十七度左右，但尼克竟然給「凍」死了！

其實尼克並非死於冰櫃的溫度，他是死於自己心中的冰點。他已給自己判了死刑，又麼能夠活得下去呢？由此可見，自信有的時候會直接關係到我們的生死存亡。

如果你認為自己無望而無助，那麼毫無疑問，你就是那個樣子了。如果你認為自己既有能力又有效率——你也真的會成為那樣的人。一種想法注定了失敗，而另一種想法則可以引領你迅速達到成功。恰像一句古諺語所說：如果你認為自己不錯，或者你認為自己不能——你都是對的。控制住你的思想，否則他們就會控制你。讓你的思

想服務於你，從而把你的潛能最大限度地發揮出來，而不要讓它像一個孩子一樣，擾亂你的生活，並進而送葬了你的一生。因此我們必須——

1．**接受自己**——就從現在開始，從此刻開始。不要等待虛幻的明天，那時你過得很好。愛現在的自己，這就足夠了。

2．**欣賞自己**——千萬不要誤以為你的身體特徵很醜陋，它們正是使你與眾不同的地方。不要放過任何一個讚美你自己的優點的機會。

3．**相信自己**——把所有你做得很好的事情回憶一遍——那代表了你的技能、資質、聰明和能力。然後把清單貼在你梳妝檯的鏡子上，以便你可以經常看見它們，使你樹立自信。

4．**教育自己**——如果缺少教育成為你前進的阻力，而且它使你感覺到不值得，那麼回到學校去吧！已經不會有更多的機會和選擇了。學習會打開你的眼界，擴充你更豐富的知識，把你的全部潛能都發揮出來，使你獲得不可動搖的信心。

5．**激勵自己**——敢於去實現自己的夢想，不要把你的抱負當成毫無意義和不切實際的幻想，而讓它們從你的手邊滑走。夢想無限，它是惟一能激勵你去行動，鼓勵你遠離失落而且試圖將虛幻變為現實的東西。

6．**授權自己**——把每一分鐘的支配權授於自己，讓生活中的每一分鐘都能充實起來。做選擇的時候要真實地面對你自己，你要把那些選擇變成實現希望的手段。

7．**笑對自己**——我們總是把我們的人生看得過於嚴肅，其實大可不必。適當地接受我們身上的一些可笑之處，總比喋喋不休地談論人生中的一些悲劇性因素要好。

8．**為自己驕傲**——千萬不要自責，不要為那些你還沒有做或根本就不是自己的錯的事情道歉，只管去博得喝彩好了，沒有人會喜歡當被人踩來踩去的門墊。當然如果你真的傷害了其他人，你必須道歉，要盡可能地道歉，而且要把你的意思表達清楚。人所共知，愛就是不得不經常要說「對不起」。

9．**自我解脫**——如果你經常被各種各樣的事情所困擾，無論是來自敵人方面，還是朋友方面的，你都該採取從習以為常的狀態中解脫出來。

10．**啟發自己**——多聽、多看、多讀，以開拓你的眼界，啟發你的思惟。對任何事，都要盡可能地說「我試試」。

6．培養個人的魅力

你玩過磁鐵吧！小時候，很多人大概都玩過那種小的磁鐵，它會吸引一切含鐵金屬，即使再小的鐵都逃不過它的吸引力，可是對於木片，它就全無用武之地了。

為什麼我會舉吸鐵的例子呢？因為如果我們把神奇的磁鐵，換成人際關係來看，那麼可以這麼說，有些人，就像吸鐵石一樣，具有神奇的「磁鐵」個性，能輕而易舉地吸引四周人的注意。因此他會有很多朋友。

相反的，有些人則缺少這樣的「磁性」，總是被人忽視。更有甚者，有些人就像渾身長了刺一般，讓人們對他避之惟恐不及。

——莉娜今年十一歲、這一天，她放學回家，一張臉拉得長長的。她的父親看到了，忍不住開口問：「怎麼啦，小莉娜？」

「我沒有朋友。」莉娜哭喪著臉回答。

「真的？我想……」

「沒有人喜歡我。」莉娜毫不客氣地打斷父親的話。

「我想那不是真的，小莉娜。」

「是真的！是真的！」莉娜邊喊，邊跑進了自己的房間裡。

——諾利斯是個十七歲的少年，這一天放學回家，他也是板著臉。他的母親看到了，也忍不住問他：「怎麼啦，諾利斯？」

「我沒有朋友。」諾利斯哭喪著臉回答。

「喔，不可能的，我想……」

「沒有人喜歡我。」諾利斬釘截鐵地說。

——已超過三十歲的單身貴族茱蒂絲，一個人獨住在公寓裡，這天，她剛結束辛勞的一天，拖著疲憊的身子，搭公車準備回家。鄰座的窗上，模模糊糊倒映出自己的影子，她赫然發現，自己有一張拉長了的悲傷的臉

「我一個朋友也沒有。」她有點抑鬱地想，然後，又不自主地冒出一句：

「沒有一個人喜歡我。」

莉娜、諾利斯，還有茱蒂絲，他們的年齡其實相差很遠，各屬於不同的年齡層，然而，卻都懷著同樣悲傷的原由。那就是：「我沒有朋友，也沒有人喜歡我。」

到底有「磁性」跟沒有「磁性」的人有什麼不同呢？

是不是真的有一種神祕的力量，叫做「領袖氣質」呢？

究竟是什麼力量使有些人變得特別迷人？

這種力量是不是一種能夠學習得來的行動方式？

許多人在孤獨的時候，都會情不自禁地向自己提出上面這些問題。

那麼究竟什麼才是魅力呢？其實、魅力就是一個人的個性引力和外表的引力的綜合體，而最重要的是你的個性引力。

一個人的個性引力往往會受一個人的內在修養、所從事的工作，以及所生活的環境的影響。因此，不同環境、不同工作、不同修養的人往往會表現出不同的氣質。如果一個人擁有不凡的氣質，加上不凡的談吐，那麼他就是一個魅力無限的人。

一個人的外貌是天生的，但他的氣質和他的談吐往往取決於其後天修養。所以，加強後天修養，是一個人能否具有魅力的關鍵。

那麼，究竟怎樣才能加強後天修養呢？

1．**要有一個超越的態度**　人生奮鬥的過程，也就是人們不斷超越自己的過程，你要常常反省自己的智慧有沒比昨天更好，並把它變成一種追求動力。

2．**勇於承擔責任**　你要勇於承擔眼前所遭遇的一切，要活在當下，要看腳下，認清楚這一刻是最重要、最有價值、最有意義的一刻。

3．**和諧的心境**　一個人要通過修行使他的心、口、意統一，就是行為、語言、意念得到轉化而呈現和諧清淨的境界。只有這樣才能做到胸懷坦蕩。

4．**認真的態度**　你要真正的融入這個世界，要認識到整個世界和我是同體的，世界和我是非常有關係的。只有這樣，你才能真正的對這個世界獻出愛心。

5．**要有一顆柔韌心和平常心**　只有擁有一顆柔韌、平常的心態，才能在任何波

動的狀態下都不會動搖，都能用一個清楚的觀點來對待。

6．**心存敬意，不生歧見**　只有對人、事、物都心存敬意，與人和睦相處。由於眾生平等，就不會生出分別的歧見，也就不會有固執和攀比的心態。

7．**幽默的談吐**　在一些集體場合，總有那麼個富於幽默感的人，將不少人吸引到身邊。一旦引起別人的嫉妒，他也會以幽默的方式去化解，這就是談吐的功勞。所以，只要加強你的口才修養，你就會獲得別人的寵愛的。

總之，自認為沒有朋友或交不到朋友的人，最重要的是，要先問自己「是否過於封閉自己」，如果是如此，那你再一百年也是交不到朋友，想突破就必須把殼打破，勇敢的走出去……

第2章

怎樣贏得友誼

朋友是人生之中各種橋樑，有了它不管天南地北，
天下任我行，沒了它也許你只能踽踽而行或四處碰壁……
友誼是最奇妙的東西，讓我們在人世間，不虛此行……
誰都希望別人不僅容納、承認自己，
進而發現自己的價值，與此相反，
誰都極度厭惡別人輕視或無視自己。

1．尊重別人

每個人都有他獨特的自我，所以我們要尊重別人，別人也才會反過來尊重你。

你很清楚地知道：你還活著，有自己的想法，也清楚意識到你有自我，而且這個自我非常不喜歡挫折以及被人輕視或是被人糟踏。

問題就出在，我們常專注在這個事實上，只記得自己的自我比什麼都重要，因而漠視了周圍的人們。

大部分的人都覺得，自己是世上最重要的人。增進你的人際魅力的關鍵之一，就在於你能夠將你的注意力，也能放在其他人的自我需要上，而不是只注意你自己。你必須記住這一點，並且常常問自己：「他（她）想要什麼？要怎麼做才會讓這個人有被重視的感覺？並且讓他們更能肯定自身的價值，會覺得自己活得既聰明又可愛？」如果你覺得自己很明白，也都知道答案是什麼，那麼，就放手去做吧！

去滿足別人的自我追尋，然後看著它開花結果吧！

不過，請不要把上面所說的技巧和做法，當成是至高無上的法寶，以為只要照著做就萬無一失，因為在實施的過程裡，還必須維持另一個非常重要的關鍵點：那就是你的真心。只有當你真心真意地去實行時，它才能幫你贏得友誼，獲得人們的喜愛。

擁有一顆真心是最重要的。別人不是笨蛋，絕大多數人，大都很快就能發現，你對他們的付出到底是不是真心的，還是只是虛情假意的。所以，常抱著「關懷的心意」，去對待別人吧！

只要你能夠了解到，每個人都跟你一樣，有個需要人關心自我，也有屬於他們自己的一套生存方式，那麼，你就能成為一位既敏銳又有同情心的人。如此一來，你便能常常體會到，周圍的人們也是充滿活力，努力生活，和你呼吸著同樣氣息的人類，而不會漠視他們。

尊重別人要先學會三項——

一、容納他人的觀點

無論什麼人，都希望別人「容納沒有經過刻意打扮的自己」，都希望與相互間可以不拘禮節的人相處，而不希望提防別人會傷害自己的緊張感的壓迫。所以，人們都

希望與那些懂得容納自己的人待在一起。

而專門找別人碴子，動輒教訓別人的「批評家」，是不會有朋友的。按照自己所確立的倫理標準去嚴格要求、批評別人的人，人們就會對他敬而遠之，只要求別人投自己所好的人，誰見了都會退避三舍。

二、發現和承認他人的價值

這裡所謂的承認，比容納更進了一步，它是一種比容納更親近周圍的人——儘管他們有缺點和短處——更為積極的態度。

每個人身上，都存在著值得承認和可以非難的東西，我們只要樂於尋找，缺點再多的人也能夠找出優點。

任何人都希望可以得到別人的承認。要滿足人們的這種願望，並不需要什麼技巧。所謂承認，也就是在對方身上找出某些東西來加以肯定，並進行讚揚。

總之，每個人都肯定存在著不怎麼為他人所知悉的優點，所以我們應該不斷地去發掘並且讚揚這種優點。能夠做到這一點的人，當然頗能博得對方的喜歡，也頗能受大家的青睞。

三、學會對別人有好感

誰都希望別人不僅容納、承認自己，進而發現自己的價值，與此相反，誰都極度厭惡別人輕視或無視自己。

一個人在待人接物時，如果能牢記任何人都是「世界上最寶貴，最重要的存在」，那麼就像他尊重別人一樣，他也能受到別人的尊重。心理學家都指出過，一個人不會對鄙視自己的人抱有好感，只會對承認和重視自己價值的人抱有好感。

所以，不要把別人當做一個普普通通的人來對待。誰都不希望別人把自己等同於普通人，而希望被人當作一個與眾不同的人物來對待。

四、多讚美別人

不要吝於誇獎，也不要虛情假意地敷衍。發自內心地看看別人有什麼地方是真的值得你尊敬的，然後誠心地把它說出來。這兒依據不同的人和不同的情況，列出可供

參考的幾種讚美方式——

——「我很喜歡坐你開的車，因為你很守交通規則，不會冒不必要的危險，讓我覺得很放心，也很安全。」

——「你每次講笑話，都讓我笑得半死。沒有一個字是多餘的，而且找的笑點都非常新奇，另人耳目一新！」

——「我很喜歡聽你談對政治的看法。因為你的資訊比一般人來得靈通，而且跳過沒有意義的那些偏左偏右的立場，一下子就找到事情的重心，所以說出來的意見都很有見解。」

——「真謝謝你讓我讀你寫的詩。我看了好感動，我真希望我也寫得出來，這真的是天分，你得好好珍惜。」

——「你做的蘋果派真好吃，我好久沒有吃到這麼棒的派了。沒有想到這麼好的晚餐後還有這樣的驚喜。真是太感謝你們的招待了。」

——「你的兒子曉東，真是個又體貼又有禮貌的年輕人，光跟他講幾分鐘話，就夠讓我感到窩心了。」

如果一句真心的讚美跑到了你的嘴邊，記住千萬別把它吞回去。要讓其他人知道，你是怎麼想的。

五、多感謝別人

感謝時應注意以下幾點——

——真心誠意，充滿感情，鄭重其事地表示。

——不扭扭捏捏，而是大大方方、口齒清楚地說出表示感謝的話。

——不籠而統之地向大家一併表示感謝，而是指名的向每個人表示感謝。

——在向值得道謝的人表示感謝時，應注視著對方。

——細心、有意識地尋找值得感謝的事進行感謝。

——在對方本來並不期待有所感謝，或認為根本不可能受到感謝時表示感謝，則效果更好。

——與其讚揚對方的人格本身，毋寧讚揚對方的行為和屬性。誇獎對方「你的氣質實在相當優雅自然」，比起誇獎對方「你是一個美女」的效果更佳。

2．微笑的魅力

在你想要和別人交朋友前，你必須先了解微笑的力量有多大。真摯的笑容，是全世界通行的見面語，它代表了：「我對你很有好感」或「我很喜歡你」或「我真的很想和你交往」或「和你在一起，我特別開心」或「今天我特別高興」等意義。微笑，就像溫暖的情緒陽光，而其他人則樂於沐浴其中。

有句諺語說：「當你笑的時候，世界與你一起笑；而當你哭泣的時候，卻只有你一個人哭。」同樣的意思，可以用在微笑上。如果你皺起眉頭，就等於你把自己向寂寞更推進了一步，而微笑不僅是解救你遠離孤獨的良方，而且還是交友的法寶。

我們往往會想，微笑應該是種自然情感的表現，如果我們一直想著要微笑，微笑不就變成不自然了？而且，有些人天生就不習慣去微笑，那又怎麼辦？其實，你不必擔心。如果你「決定」了要自己微笑，只要做得正確，漸漸你會發現，你真的在微笑，而且笑得自然又而不做作！

心理學者威廉·詹姆斯曾經說過：「行為基本上產生於情感之後。可是實際上，行為與情感是形影不離的。我們可以通過制約受意志直接支配的行為，來間接地調節不受意志控制的情感。譬如說，儘管沒有什麼理由但要努力去微笑，不一會兒，微笑的理由也就產生了。」

這就是說，你如果裝出一副高興的樣子，那麼你的心裡就會逐漸產生高興的情緒。所以，一個人若能變得賞心悅目，神采飛揚，那麼他肯定能贏得周圍人的好感、同情和信賴。

整日愁眉苦臉的人，沒有意識到自己忽視了一個最有魅力的特點。出生兩個月的嬰兒，見了母親的微笑就會露出笑臉，到了五個月的，看到母親皺眉頭時，他們就會哭泣，進入托兒所和幼兒園後，他們就會模仿教師的表情了。關於這種表情的模仿，人們進行過許多研究，這裡不打算具體地加以引用。

總之，孩子在出生後所接觸的，如果全是溫和、開朗、具有幸福感、經常保持微笑的人，這對於他們性格的形成，無疑是十分重要的。

由此可見，微笑是多麼重要啊！難怪喜劇大師查理・卓別林要說：「微笑吧，即使你的心已經碎了。」

總而言之，當你面對自己喜歡的人時，別忘了多微笑一下，然後張大眼睛，你會看到微笑的力量：如何讓一個熟人變成你的朋友。

良好的心境是心理健康的重要關鍵。它能使你充分體驗和享受人生，使你對別人寬容大度，與人交往自如，使你能客觀地評價生活和對待他人；它有助於言談舉止的風趣、幽默和充分的自我肯定。心情舒暢也是發揮個人工作積極性和創造性的重要條件，健康的心理對環境對個人幸福和社會都是有益的。

為了這些，願人人臉上都帶著微笑——

1．**告訴自己要微笑**　人處在不良心境下，往往對許多事情感到索然無味，失去了生活的樂趣，容易悲觀失望，對挫折的承受力也下降了。而這時的面部表情常常是呆板的，這樣的表情是人際交往中的障礙。所以人總希望盡快地從這種狀態中擺脫出來。這時候，自我改變面部表情——微笑就是一個簡便易行的辦法。

2．**改變自己要微笑**　如果你的心情憂鬱不快，不妨從改變表情入手，先對鏡子練習微笑，儘量使肌肉下來，笑得自然，同時想一些生活中曾經使你快活發笑的事情，練習數次後就能自然而然地發笑了。運用上述表情訓練，可使你從惡性循環中突破一個缺口。如果你在與人交往中常帶微笑，立刻就會得到同樣善意的回報。日積月累，就會使你逐漸恢復自信心和自我價值感。

3．**不必害怕微笑**　即使別人用銳利的目光看你，你也不要以眼還眼，而應該報之以微笑。對於生性乖僻、靦腆的人，我們若能笑臉相迎，相互間的隔閡就會消失，對方緊繃著的臉就會很快地鬆弛下來，並露出笑容。這種笑容，好比是投向水面的小石塊，能不斷地增加和擴大親切友好的漣漪。

4．**讓微笑成為一種習慣**　真正的微笑，首先需要內心的真誠，也就是說，它必須產生於想幫助人這種真誠的願望。機械的，習慣性的，完全是裝模作樣的微笑，只不過是顏面神經的一種「愚痴、假面」而已。一個人通過訓練，雖能夠笑得很優美，可是內心如果並不真正想笑，那麼他的笑肯定是感染不了別人的。

3．傾聽比說話更有力

通過側耳傾聽，你就能交上好朋友，就能為情人所鍾愛，從而提高你的滿足感和幸福感。側耳傾聽是最能使對方感到高興的一種「讚美語言」，也是對對方自尊心的強化。

有些人因為很想讓人覺得自己「有才氣」、「能力強」，所以經常喜歡說些俏皮話，其結果，很容易給人造成「不懂裝懂」、「賣弄學問」和「只談論自己」等印象。你對別人的話若能做到用心傾聽，連半句也不放過，那麼，別人反而會覺得你很有水平。事實上，一個人越是有水平，他在聽別人講話時就顯得越是認真，越是專注。那些講起話來口若懸河、滔滔不絕的人，不管什麼場合都想發表自己意見的人，等不到對方把話講完就想做出回答的人，都應做出反思。應該耐心聆聽對方講話，這樣才能顯得聰明、慎重和深謀遠慮。

傑出人物往往善於傾聽他人意見。如果有誰當真忙得無暇傾聽他人的意見，人們至少可以肯定地說，這個人不會科學的安排時間，否則他就是心胸狹窄，根本聽不進他人意見，到頭來只能成為孤家寡人、自我孤立。相反，善於傾聽別人意見的人總是賓客盈門，融洽地與人們往來，因為人們總是喜歡與尊重別人、平易近人的交往。

日本有名的企業家松下幸之助先生曾這樣回答他的友人：「如果用一句話來概括我經營的訣竅，那就是：首先要傾聽他人的意見。」

創業初期有過這樣的事情。松下幸之助創造了一種商品，但不知賣多少錢好。於是他把商品拿到了寄賣商店，問道：「這種商品能賣得出去嗎？」

「很有意思。」商店老闆說。

「能賣多少錢？」

「成本是多少？」

「一毛五。」

「那麼，能賣二毛。」老闆最後說。

就這樣，松下幸之助在充分傾聽各方面人員的意見的基礎上，確立了經營目標。

松下幸之助懂得傾聽，所以他成功了。事實也是這樣，越是具有成功的素質，也

就越謙讓，讓別人說話，讓別人談他自己，談他的見解、他的成績、他的家庭、他的工作能力及其他的問題。

讓別人說話，可以開闢成功的道路。

讓別人說話，有助於你了解別人的情況。

讓別人說話，可以結交朋友。

總之，理想的人際關係，是建立在相互交流思想基礎之上的。如果對於對方的希望、意見和感情缺乏了解，那麼雙方的意志就不可能取得統一。要了解對方，當然得用心傾聽！

佛洛伊德精神分析學派認為，若能鼓勵和引導對方把話都講出來而自己保持緘默，那對方就無法掩飾自己的內心世界了。專注地、耐心地側耳傾聽，你就能交上好朋友，就能為情人所鍾愛，從而提高滿足感和幸福感。而傾聽是最能使對方感到高興的一種「讚美語言」，也是對對方自尊心的強化。

因此，你想贏得友誼，那就得首先學會傾聽——

1．**眼睛注視對方**　從態度上顯示出對對方的話語感興趣，贊成就點頭，感興趣就微笑，需要回答就回答。

2．**常常點頭**　點頭，表示你跟得上對方的腳步，知道他在說什麼。這也算是一種穩定的回饋，讓說話人知道，你懂得他說的一切。所以，點頭也可以說一種奧妙的鼓勵方式。

3．**記得常說「嗯、嗯」**　就像點頭一樣，傾聽時「嗯、嗯」，也表示一種回饋與鼓勵。每一聲「嗯、嗯」都意含著支持，讓說話的人想要繼續說下去。尤其是在電話中，由於看不見面部表情，也無法做視線接觸，這一聲「嗯嗯」就變得更加重要了。

4．**講出說話者的感覺**　假設，今天你的同事來告訴你，他的爸爸對他很不公平、很霸道不講理，當你聽完後，如果覺得可以的話，不妨說句：「聽起來，你好像很生氣。」如果你沒弄錯，那麼對方一定也會對這句評論是站在他的同一陣線，而感到滿意了。

5．**找出對方說話的背後含義**　一般而言，人的情緒狀況可以分為三種：生氣、

焦慮以及擔憂。只要你能找出對方說話的背後含義，然後提出你的意見，那麼，他們就會知道，你了解他們的感覺。

6．配合其他人的表情　當你在聽另一個人說話時，不妨在可能的範圍中，努力配合對方的表情。如果對方笑，你就笑；如果對方正皺著眉，那麼，你也要不時皺起眉頭。別擔心，對方不會以為你在捉弄他們。相反的，他們會認為，你擁有現今難見的「同情心」，能夠與他們的情緒產生共鳴。

7．朝對方探出身子　這是為了表示你確實在聽（很感興趣的表現）。

8．不打斷或改變別人的話題　因為每個人都期望其他人能讓自己把話講完；其他人若能引導自己把話講下去，那就更高興了。同時也不隨便改變對方的話題，用對方所使用的字眼來敘述自己的想法，而不特別強調自己的字眼。

有位心理學者說過，「傾聽也是一種語言，有時候這種語言會比說話的力量大，甚至反而會主導談話者的方向！」所以說，只要聽對方說話，配合「嗯嗯」的點頭，就會讓對方被你牽著鼻子走。

4．不要以自我為中心

討人喜歡和受人信賴的人，基本上不是那種以自我為中心，想問題和做事情都從「我」出發的人。以我為核心，只會與人疏遠，因為以我為核心的人缺乏站在他人立場上進行思考的能力。

人與人不可能絕對相同，即使是雙胞胎，從遺傳角度看是由一個受精卵分裂而成的，但由於培養和受教育的方式不同，他們也不可能完全相同，更不用說一般人了。因為一個人首先是在父母的教育和培養下，成為一個具有個性特點、與眾不同的人。正因為如此，許多心理學家都指出，人是多種多樣的，而不是從同一個模子裡鑄造出來的。

這種性格上的差異，會在平常的多種反映和行為中表現出來。譬如說：同樣受到申斥，有的人灰心喪氣；有的人勃然作色；有的人露出討人喜歡的微笑，心悅誠服地加以接受；也有的人則認為丟面子，而企圖自殺——人的反應，就是如此不同。另外，人們的經驗、知識智力和性格等也各不相同，有的人對工作很快地適應，而且幹得頗為出色，效率很高；有的人則對工作不得要領，進展緩慢；有的人對於分配給自己的每一件工作都會感到束手無策，什麼都問人家，弄得周圍的人不勝其煩；有的人幹起工作充滿信心。人與人之間存在著千差萬別，可是有一點都是相同的，那就是誰都相信自己。

關於這一點，作家吉布林是這樣認為的：「對自己要有一個正確的估價，對自己的估價如果太高，其他人不但不買你的賬，反而會貶低你。自高自大很有可能遭到其他人的嘲笑。」

不過，並非每個人都堅信「自己是出類拔萃之輩」，因為有的人往往為了補償自己心中的弱點和自卑感，而故意使自己在各方面都顯得很出色。不過，最常見的還是頗為希望自己在各方面都為周圍的人所承認——有時想過了頭，甚至還會採取極端行為，而並沒有捫心自問：自己是否有資格讓人家承認自己的重要性？

不少臨床心理學家指出：一個人如果能夠充分地認識到人與人是各不相同的，那麼，他就不會企圖隨心所欲地支配他人，同時還能設身處地的為別人著想。

一般人很容易採取以自我為核心的態度，也就是說，由於人們自身的欲望和恐懼，常常會無視對方的感情。壓制自己的欲望和滿足他人的欲望，需要社會成員之間相互理解、協作和樹立正確的生活態度。一個人如果不能調節自己的欲望，那麼連有可能給他以幫助的人，也會逐漸離他而去。

因此，我們必須打破「以自我為核心」的束縛，試著去接受他人，去體貼他人、關心他人。這樣，你就會發現，世界原來是這麼美好，人們原來是如此可愛！

把自己置身於他人的立場之上，不但不會喪失了自我意識，相反的還可以使自己變得更加出色。

為了吸收別人的觀點以開拓自己的思路，為了把自己置身於他人的立場上，把自己的感情移到周圍人的立場上去，就必須發揮機智、聰明和豐富的想像力，我們應努力培養這方面的能力。

每個人都有不同於他人的遺傳因素。不同於他人的生長環境和經歷。既然如此，我們就無法迴避這樣一個事實：每個人的思想和行動也不同於其他人，不光思想和行動，還有反應能力、判斷標準等也不同於其他人。不過，上述諸論中無論哪一項，在人與人之間並不存在過分明顯的高低優劣之分。在日常生活中，都能牢記這一點，我

們的性格估計會變得非常美好——積極向上、富於同情心和忍耐心，即變得討人喜歡，被人愛慕和受人信賴。相反，你會變得孤立無助。

為此，我們特別提出幾點忠告——

1．**不要自高自大**　這樣會讓你和身邊的人格格不入，要正確評估自己的能力和價值，否則你將無法與周圍的人相處。

2．**不要拿自己的價值觀去批評別人**　有些人談話老是喜歡找別人碴子。動輒教訓別人的「批評家」，是不會有什麼朋友的。

3．**不要否定對方**　不要輕易地否定或者激烈地攻擊別人與你的不同觀點，這是表示對別人的尊重。

4．**尊重他人**　不要把別人當作一個普普通通的人來對待，而應該把他當做特殊人物，即具有獨特價值的人來對待。

5．**不要嫉妒別人的才能**　有句俗話叫「不服高人有罪」。所以要勇於發現並肯定別人的才華。

6．避免反客為主　避免一直談自己的事，把你的注意力和興趣，傾注到別人身上，而不是一味地只注意你自己。

7．誠心道謝　別人幫了你之後，即使是微不足道的小忙，也要鄭重其事地向人道謝。要養成對人道謝的習慣。

8．不要輕諾　答應別人的事情就一定要做到。即使對你心目中的那些「小人物」甚至是孩子，都要信守諾言。

珍貴的友誼對於人生，好比煉金術士所要尋找的那種「點金石」。它能使黃金加倍，也能使黑鐵成金。這是一種非常自然的規律。在自然界中，物質通過結合可以成為無價之寶。而心與心的溝通不也是如此嗎？

5．聲音所代表的意義

我們不可能產生任何特殊的講話方式，相反，我們可以通過不斷的體驗去發展一種更加有特色的語言、語調、音量和語速。

檢查我們的溝通，真正傾聽別人的交流，這樣可以幫助我們選擇更有效的詞彙以及我們的語調、音量和語速，從而獲得更好的溝通效果。

一些人的聲音如同唱歌，一些人的聲音渾厚，一些人的聲音溫和，一些人的聲音低沉，一些人的聲音扁平單調。而我們的聲調則是我們發出的聲音的質量、表情和色彩。通過變化，它表現出一種情緒、一種感情，可以表達各種不同的意思。聲調和音量與我們所要表現的內容結合，不論我們用高調還是低調或是有趣的混合調，他們表現的是一種強度。語速和聲調是一種最有效的結合表現。一些人聲音的流出就像糖漿，另一些人嘰嘰喳喳說個不停幾乎沒有喘息的機會，而一些人講話又如子彈出膛。不論聲調的高低，語速的快慢，它們都影響其他人的理解和接收我們的信息。

所以，我們在平時的說話溝通過程中，要注意語調、音量、語速與想傳遞的信息的有關結合。

語言和文字一樣都可以表達出一個人的思想，文字往往在下筆書寫時還會琢磨一下，然而語言卻常常「脫口而出」，因此不得不慎！

1．**貶值的評價**　當我們做出對另一個人肯定或否定的判斷時，這暗示著我們認為在某種程度上，我們比他們「好」。所以在溝通過程中，你要保留的是事實，而不是觀點和解釋。要用一些中性詞彙以及你的身體語言、語音、語調和適合使用的詞彙傳遞你對他人的尊敬。

2．**空洞的安慰**　另一種傲慢的表現是安慰。它以讓人安心和同情來對待他人。那些空洞的、毫無意義的安慰簡直是侮辱性的。要相互尊敬，對別人既不要空洞的讚揚，也不要空無一物的貶斥。

3．**諷刺挖苦**　儘管諷刺挖苦是文化生活中的一部分，但是諷刺是帶有攻擊性的，所以在與別人交流的時候要直截了當地表達你想要說的，而不要以諷刺的評論來掩飾你的想法。

4．**過分或不恰當的詢問**　人們不喜歡被盤問或被審查的那種感覺。所以，如果你有許多問題要問，你應先徵得對方的同意：「我可以問你幾個問題嗎？如果你不介意的話？」也可以通過簡短的總結承前啟後問下一個問題，這樣可

以避免連珠炮式的盤問傾向。

5．**命令**　命令使得其他人有一種機器的感覺，其結果不不是引起一場鬥爭，就是憎惡屈服，這取決於你當時的地位。所以你應運用你的習慣用語，使別人比較容易地理解你想做什麼或不想做什麼，並提出改進意見。

6．**威脅**　如果理由正當，你可以向人們說明為什麼要這樣做而不那樣做，把結果明確地、公正地告訴大家，要鼓勵而不要威脅。

7．**多餘的勸告**　如果你一定要給予別人一些勸告，那麼首先要徵得允許，你該這樣說：「你不介意我對此提個建議吧？」或者也可以這樣說：「你想不想聽聽我對那個問題的看法嗎？」

8．**模棱兩可**　如果我們不能一語中的，人們就會猜測我們真正的意思和我們的需要。而人們的心理感應是不相同的，因此人們往往猜錯。所以說話時要具體表達出明確的訊息。

9．**保留信息**　如果你擁有對別人有用的信息而不與別人交流，那麼你會發現一些有趣的事情，即別人擁有對你有用的信息也不會告訴你。

10．轉移注意力　當交流變得情緒化或個性化，或當有人隱藏他們的真實自我時，我們會感覺很不舒服，並且也將談話內容流於表面化（應付性質）。這些都將導致行為的轉移，使講話者改變話題。所以在與別人交流時要注意對方的感受，千萬別以自己為整個談話的中心。

6．別人的需求是什麼？

當我們與別人和睦相處時，我們感覺很舒適並且溝通起來也很容易。和諧的關係是有效溝通的必不可少的要素，它使人們產生相互理解、和睦的感覺。

我們可以把人們的主要的心理需求分成三類：成就的需要；交往的需要；權力的需要。承認這些需要，並在溝通時朝著滿足他人需要的目標努力，這有助於建立良好的人際關係。

具有成就需要的人通常為自己建立具體的、可以衡量的目標或標準，並且在工作中朝著目標努力，直到實現他們的目標。他們總想做得更好，或比他們過去做得好，

或比其他人做得好，或是要突破現行的目標。

讓這種人對自己的工作有種責任感，同時給予他們大量的反饋信息，表明他們的工作做得相當的好。

對於下一次挑戰，他們從不說「幹不了」，這似乎是他們的座右銘。他們的滿足感來自於已經實現的目標。

另外一種人更看重友情和真誠的工作關係。令他們愉快的是能有一種和諧的、既有付出又有收穫的輕鬆的工作氛圍。交往的需要驅使他們寫很多的信（Emails），打很長的電話，花費很多時間與同事們溝通。他們寧願和朋友們一起工作而不願意和陌生人一起工作。

注意與有交往需要的人建立良好的關係。詢問他們的家庭、他們的愛好、他們的週末安排情況，以及他們對一些事物的想法和感受。

還有一種人，熱中於負責。他們具有很強的權力欲，他們瞄準權力，以便使他們能夠事事做主，決定自己和他人的命運。他們渴望一種權威作為他們權力的象徵。交流中他們果斷行事。而且在大多數的交流場合，他們都能夠影響他人。

由於我們是彼此獨立的人，因而我們需要不同的「需求配方」，我們可以改變這些需求的組合，也可以改變這三種需求的強度。

傾聽他人的主要觀點，了解什麼能使對方高興，當你了解了什麼能夠驅使人們，你也就知道了如何構造你的交流方式，以適應他們的需求。

一、如何從交談中看穿對方的本性

1．沮喪、疲累、精神不振　一些人面色不佳，說起話來唉聲嘆氣，好像世界末日即將來臨，一切希望都沒了。這種人外表上的特點是：沮喪疲累，精神不振。對有這種現象的人可判定，他對自己的信心早失去了。他們自尋苦惱，常為不必要的事而終日憂愁。

2．不正視對方　相對而坐時，不直視對方，總是垂頭而聽，偶爾抬起頭用眼睛看對方一下，但是，很快又垂下來。這種人一般都膽怯，缺少魄力，做事沒有持久力，平時顯得死氣沉沉，毫無活力，意志不堅，容易隨波逐流。

3．不斷地把視線移開　跟別人交談時擺出不大重視對方的態度，這是表示他在

暗察對方，盤算如何還擊，對這種人必須有所防範。假設這種移開視線的動作發生在交談中，那就表示感到疲倦，無意傾聽。遇到這種情況你要趕快結束談話。雙方交談時，視線難免會相遇。如果對方連忙移開視線，那麼他的內心有某種苦，或是有意隱瞞什麼，否則就是性格懦弱。

4．**問之以言，以觀其詳**　向對方多方提問，從中觀察對方知道有多少，以及對方的需求到底是什麼。

5．**窮之以辭，以觀其變**　不斷追問，而且越問越深、越廣，藉此觀察對方的反應如何。沒有自信的人，就會眼珠亂轉；而充滿自信的人會隨機應變，臉上鎮定如初。

6．**明確提問，以觀其德**　把祕密坦率說出，藉此觀察一個人的品德。如果聽到祕密就立刻轉告第三者，這種無法守祕密的人不能深交，也不能合作。

7．**使之理財，以觀其廉**　讓他處理財務，藉此探測清廉與否。

8．**告之以難，以觀其勇**　派他做困難的工作，觀察他的膽識、勇氣。若要試探一個人的膽識、勇氣，就得把困難的工作接二連三地交給他處理，從中觀察他的反應。

9．**醉之以酒，以觀其態**　讓他喝酒，藉此觀察他的態度。平時守口如瓶的人黃湯下肚就完全變了樣，不但滿口牢騷，還會猛說別人的壞話，這樣的人就可判定他是個經常心懷不滿，甚至妒心強烈、有害人之心的人。

10．**直視對方**　視線相碰的時候，直視對方，絕不避開，這種人通常是正直之士，待人以誠，絕不會玩弄什麼詭計，並且意志堅定，自尊心強。

二、如何看穿對方的真實意圖

1．**提出兩面性的質問**　交談中，如果所說的內容有濃厚的「兩面性」，那就表示對方為下決心而猶豫不決，有意避免造成統一性的印象。

2．**輕易回答「我懂了」**　如果跟你初次見面的人，來個聞「一」知「十」的態度，你得有個戒心才是。因為這時的他很可能不願意再聽你說下去了。他之所以不明示拒絕，是因為屈服於你給他的心理的壓力。你的話說不到一半，他就說，我懂了，對這種人，你就沒有必要讓他更「了解」你的話了。

3．以粗野、無禮的態度待你　通常，初次見面也有初次見面的禮節，出語不遜，那就表示，他有可能對這回初次見面心有不安，故意用這種態度來擾亂你。你若看出他有這種行為，就該冷靜對付，切莫中了對方的擾亂策略。

4．想探出你的私人祕密　在交談中，如果對方侵入你私人祕密領域，企圖刺探你內心祕密，可別以為他是對你抱有好感，要心生警惕心，你應該注意他到底想探出什麼，並加以防範。

5．「面無表情」其實是「表情特多」　「面無表情」絕不是由於無可表現而起，而是由於內心有了某種感情——一種不能直率顯現的感情而起。他對直率表現的感情大為顧忌，因而只好強加壓制，以「面無表情」來對人。因此你要從對方的「無表情」中，找出他內心的情感糾葛。

6．當對方突然變得多嘴多舌　在交談中，如果對方突然變得多嘴多舌，你應該懷疑一下對話裡是不是有某些他不希望觸及的事。饒舌並非雄辯，它往往是隱藏自己的一種煙幕。

7．故作笑容的真意　在交談中，當話題扯到足以引起某人不安的時候，那個人往往為了掩飾不安，反而會顯現相反的態度，心理學上稱為「反作用行為」，這是屬於防衛機能之一。

8．故意反駁對方的意見 在交談中，故意「虐待」對方，把對方逼入危機狀況，以觀其反應的一招。所以當別人故意反駁你的意見時，不要以為對方心存敵意而以牙還牙，相反，你要鎮靜應付。

9．中斷話題讓對方接下去 面對不太肯說話的人要他表露真心，就得運用「成句法」。例如：「這麼說，你的意思是……」、「照你剛剛的說法，這件事就該……」用這一類方式，把你的話說個開頭就中斷，然後，靜聽對方如何回答。

7．輕鬆愉快地談話

那些令人傷感、鬱悶和喪氣的話，雖然別人偶爾會聽一下，可是如果翻來覆去還是這一套，就沒有人要聽了。

我們在那些從事隻身探險的人們的手記和談話中，經常可以發現有這麼一句話：「一個人如果沒有可以與之進行交談的對象，那是多麼痛苦啊！」精神醫學方面的研究表明：由於某種原因而無法將自己的思想和感情表達出來，一個人處於自我封閉狀態，就容易患自閉症。也就是說，無論誰都希望與他人進行交談——如果沒有其他人，那就與自己交談，或與周圍的動物和大自然進行交談，或用文字將自己心理的變化記錄下來聊以自慰。

不善於與人交談的人，大多是不知道怎樣抓住談話時機的人。他們即便有著豐富的話題，卻往往不知道從何談起。談談人類本性或人生道路之類深奧的問題吧，則擔心太過慎重，不合時宜。談談天氣或對方的健康等老一套吧，又覺得過分無聊，毫無意義。他們的沉默寡言還有一個原因，那就是生怕自己的恭維過於露骨，自己的話題不合對方的口味，或者自己的話說得不是時候。

心理學者威廉・詹姆斯曾經說過：「與人交談時，如果能做到思想放鬆，隨隨便便，沒有顧慮，想到什麼就說什麼，那麼談話就能進行得相當熱烈，氣氛就會顯得相當活躍。」

在與人交談中，能夠接二連三地說出閃爍著智慧火花的、精采的名言佳句的人，為數不多。也就是說大與其急於想把話說得精采一點、動人一點，倒不如把心放寬，抱著——「說得不好也不要緊」的態度，按照自己的實際水平去說，你反而能說出有趣機智的話語來。即使是那些最生動活潑的談話，其內容也往往是陳舊且毫無意義可言的，惟有如上所述，解除了心中的緊張，才能生動、自然地說出自己獨特而高明的見解來。

所以，閑扯並不需要才智，只要扯得愉快就行了。一個人絕非每天都在出席學術講座或意見發布會，閑扯就成了與人交談的重要組成部分。以閑扯為開場白，不僅對於自己是必要的，而且還能消除對方的緊張心理。交談即便是從無關緊要的問話開始，其目的如果是為了使談話轉入正題，那也能發揮出相應的作用來。

善於交往的人，能夠巧妙地從對方的口中引出有趣的話來。因為在用毫無意義的閑話進行應對的過程中，不僅自己的緊張心理能得到消除，而且對方的緊張心理也能得到消除，這種場合，關鍵是要使對方自然而然地談論他自己。因為在對自己表示關心的問話前，誰都不必煞費苦心地去尋找特殊的話題，而只消以自身為話題就很容易

開口。

如果是關於自己的事情，那麼任何人都能談上一通。那些被稱為「伶牙俐齒」的人，與其說他們說話引人入勝，倒不如說他們「能夠使對方無拘無束地想到什麼就談什麼」。也就是說，能夠使對方開始談論自己並且繼續談論下去的人，估計掌握了如下訣竅——讓對方向自己敞開心扉，對自己的想法感興趣並且願意接受。

你想成為「伶牙俐齒」的人嗎？那就開動你的腦筋進行愉快的談話吧！

1．稱讚對方過去的業績。這比稱讚對方的人品好得多，因為初次見面，如果你直接稱讚對方的人品，容易給人造成一種虛假的感覺，因為你根本就還不了解對方呢！

2．對對方的戲言以笑報之。使談話的氣氛變得和諧，把彼此之間的關係趨於順暢的利器之一，就是詼諧，這似乎是古今中外皆然的法則。

3．初次見面的時候，「我」是絕不能先發表主張的，應該以「你」為主題進行交談，才能使對方心扉洞開。

4．初次見面，如果對方對你說：「這件事情我從沒告訴過別人……」時，你大可判斷，他有意跟你建立真正的友誼。

5．重複對方的話。交談中，你如能時常重複對方的話，就會使對方有一種被人尊重的感覺，因而進行暢談也就非難事了。

6．坐在談話者的身旁。人一旦有了同心協力的念頭，就會並肩而坐。相反，有了競爭的念頭，就會相對而望。這種形式完全符合人類微妙的心理。

7．跟你初次見面的人，你要處處顧及他的立場，並且盡最大的誠意表示出你願意跟他好好相處，你就會獲得等量的回報。

8．一個人的外表也會說話

你只有一個機會創造一個良好的第一印象。不論好與壞，第一印象常常是很頑固的。它們能夠在最初給人以很大的影響以至於長期不會改變。

50％的第一印象是由我們的外表決定的。我們衣著的方式，我們所戴的珠寶和其他飾物以及年齡、身高和體重等。讓我們從著裝所象徵的交流開始。

在商務活動中，較好的著裝是遵循不成文的「統一慣例」。即使是十分隨便的衣服，也要注意顏色和服飾的搭配。在商務活動中男人應避免穿棕色外套與獵裝，而女士則避免穿過於暴露的服裝。假如你沒有這麼做，可以看看你周圍的人和你的著裝定式。你的目標看上去應是職業化而不是時尚形式的。

假如你的事業蒸蒸日上，你的穿著就應該和那些穿著水平較高的人相仿，或者穿得與你所要加入的那部分一樣。這就使你看上去和他們協調並且增加你升遷的機會。

假如你的目標是看上去能夠更職業化，就穿質量最好的衣服和攜帶最好的隨身物品。如果這樣，就需要你實際的表現能力和經濟實力。與此相應，你在溝通中所表現的個性也將影響別人對你的感覺。

我們給人們的第一印象大約41％來自於我們的行為，來自於我們的身體語言。各種身體語言大都是要得到一個受歡迎或職業化的第一印象，以贏得人們的注意和尊敬，包括在鬆弛狀態的活動中放開雙手，一個筆直和昂首挺胸的姿態。

堅定的眼神接觸（但不是盯著他們看下去），一個中性的面部表情，你內心感覺的真實流露，以及一個放鬆的（但不是漫不經心）頜部（口腔的上下部位）也是重要的。一個可信的微笑會使人感到放鬆，會產生一種類似於化學能量的良好感覺，這能夠極大地改進你在與人交流時給人留下的第一印象。

在某些時候，當我們初次遇到什麼人或遇到有一段時間沒有見面的熟人時，都要握手，這種接觸建立一種誠摯氣氛和友好的感覺。多次的這種誠摯相見，第一印象也就在各自的心目中建立起來了。

你最初的幾句話所運用的語調應是沉穩、鎮靜和強有力的人，不要過高或過低，你的話應該流利地、而不是猶豫不決地表達，應該明快地說出來，肯定地甚至是有節奏地強調關鍵詞和語句。

你要盡力做你所能做的事，給人留下一個良好的第一印象。

通過你的站姿、行動、表述和個人外觀，建立一個明確的第一印象。

9．現代人要會讀肢體語言

我們大多數人是以直觀迅速的方式理解別人的肢體語言的，有時這對於發現積極或消極的信號很有幫助，從而使我們能夠調整輸出信息的方式，使溝通過程更加順暢、成功。

首先你或許需要有意識地觀察其他人的肢體語言，然後注意並調整你的溝通方式，使之成為一種習慣。如果你仔細觀察，你會發現許多肢體語言信號具有自我解釋的功能。比如，腳底板打節拍，表明我們對自己的處事方式有種擔憂；擦擦脖子，說明你的行為使我感到不舒服；深深的嘆氣則表明一種懷疑或者是恍然大悟等等。

解釋這些肢體語言信號要特別小心，因為任何一種肢體語言都可能有多種意味。比如交叉雙臂可能說明「你所說的事情對我產生一種莫名其妙的威脅，使我拒絕再繼續聽下去」。但也可以理解為「我很冷」。

解釋肢體語言時，不能孤立地去理解，應該綜合地去理解。

通過關注對方的肢體語言，可以建立起和諧一致的關係。

當你和某人親密相處時，你會感覺你們之間是那麼一致，那麼和諧，對事物有著相同的看法，這會創造一種親密和團結的氣氛，有助於建立友情，培育合作和團體精神，並且有利於目標的實現。

在餐館或公眾場合，你注意觀察那些一對一對的人們，你會發現他們中有些相處融洽，有些則不然，這主要是肢體語言在作怪。

當兩個人或一組人和睦相處時，你會發現他們之間肢體語言的運用是非常頻繁的，而且一個人的肢體語言是其他人肢體語言的反應，比如，他們的坐姿非常相似，以同樣角度靠在坐椅上，以同樣的姿勢盤繞雙腿等等。

他們的舉動也非常一致，比如，當一個人起身時，另一個人會隨著站起；當一人停下來喝一口茶時，另一個人也會端起自己面前的茶杯；他們會同樣地擺動雙腿，而不需要跟著音樂的旋律。

如果你再仔細地觀察，你會發現在這一對對的人群中更加細微的事情，比如，他們以同樣的節奏呼氣、吸氣，他們以同樣的音量、高低音程度和間隔說話，如果你能聽到他們的談話，你還會發現他們以相同的強度、相同的手勢去表現事物。

由此可見，關注其他人的肢體語言，對於我們暢快地進行溝通，以及建立和諧一致的關係有著不可忽視的作用。

讀懂他人的肢體語言，應該從以下幾個方面入手——

一、綜合的進行觀察分析

大多數人的肢體語言信號是以一串或一組形式給出的。例如，對方交叉雙臂，並且伴隨著用雙手摸摸上臂，並且跺跺腳，聳聳雙肩，那麼這有可能表示對方具有相當的安全感，也有可能表示對方感到有點冷等等。

結合交流過程思考肢體語言的產生並且綜合的觀察而不要孤立的理解這些信號。

二、關注對方的動作

任何動作，特別是突然的動作都能夠表明一個人的內心狀態。如果有些人突然放開蹺著的雙腿，將他們的身體朝向你並且輕微地向前靠，你可以斷定他們對你所講的內容表示贊同，並且還想獲得更多的信息，如果你注意到這些信號，你或許應該考慮一下你所講的內容，尤其是那些受到人們歡迎的內容。

注意人們肢體語言的習慣，試著發現你所說的和所做的是否引起特別的反應，為了獲得最好的結果，調整你的交流。

三、當心警告信號

一個人的肢體語言能夠向我們發出警告信號，告訴我們在交流中的一些差錯。常見的警告信號有：遠離你、快速點頭、擦擦或撫摸頸部、有限的目光接觸、身體側背對你、堵著或摩擦耳朵、握緊拳頭、煩躁、捂著鼻子、看著天空或東張西望、來回踱步、急促呼氣等等。

如果你發現上面的任何一種消極的肢體語言，你都應當留心檢查在與他人相處時你的言行有什麼地方越位了。只有這樣，才能幫你挽回交流中的消極影響。

四、注意積極信號

肢體語言不僅能傳遞出警告信息，而且還能預示我們交流的成功。積極的肢體語言信號有：思索式地點頭、身體朝向你、張開雙手、充分理解的附和聲、撫摸下巴、眼睛頻繁接觸、開放的身體姿勢等等。

當你注意到這些受歡迎的信號，尤其是它們成串地出現時，你要確實地維持住這種趨勢，把握住交流的動向與脈搏。

第3章

人類無法孤獨活著

除了不可抗拒的天災，人是不可能孤獨的活著，
魯賓遜也需要那隻叫星期五的狗，
怒海餘生的人，也拼命忍受痛苦想回人群。
古代雖然有隱士離群索居，
但這種修行方式成就都不大，
沒有發揮「大隱隱於市」的智慧！

1．戰勝孤獨

孤獨，並不單純是獨自地生活，也不意謂著獨來獨往，一個人獨處，可能並不感到孤獨，而置身於大庭廣眾之間，未必就沒有孤獨感產生。

對於人類文化創造來說，孤獨感並不全是壞事。也許，人才在課堂上培養，天才卻在孤獨感中自我成長。因為孤獨感通常都能使人處於一種自我發現的緊迫狀態。

聞名於世、陷於百萬觀眾和崇拜者重重包圍中的義大利電影名星蘇菲亞・羅蘭居然也會感到孤獨，而且還喜歡寂寞。她說：「在寂寞中，我正視自己的真實情感，正視我真實的自己。我品嘗新鮮思想，修正舊錯誤。我在寂寞中就如置身在裝有不失真的鏡子的房屋裡。」

這位超級明星認為，形單影隻常給她以同自己靈魂坦率對話和真誠交往的絕好機會。孤寂是她靈魂的過濾器，它使羅蘭恢復了青春，也滋養了她的內心世界。所以，她說：「我孤獨時，我從不孤獨。我和我的思維做伴，我和我的書本做伴。」

粗略地考察人的孤獨感，大致可分成兩類——外在孤獨感和內在孤獨感。

幼而無父曰孤，老而無子曰獨。中年不幸喪妻，遺孀淒涼度日，老處女的落莫心境，多年漂泊在異鄉外地的天涯倦客，私生子的孤苦無告，或某種原因被人類社會遺棄、與人類社會隔絕的人，他們所感受到的孤獨屬於外在的孤獨感。這是一種機緣性的、永恆的、無法驅散的孤獨感。

在佛學上如果有「根本煩惱」一說，那麼，內在孤獨感便是人與生俱來的「根本的孤獨感」。即使是身處車如流水馬如龍和燈紅酒綠的人群之中，在生日晚會上，在伉儷繾綣之情的蜜月旅遊或在兒女繞膝的天倫之樂中，這種「根本孤獨感」也絲毫不會散去。陷於狂熱觀眾和讀者包圍之中的藝術家們往往是最孤獨的。這包圍宛如重囚累梏，自己的一切都在眾目睽睽之下被淹沒，找不到自我。

的確，人世間還有什麼比「喪失自身」更為孤寂的呢？並不是所有的人都會有根本的孤獨感。在少數天才人物的身上，根本孤獨感更是深難以排遣。

愛因斯坦的一生也患有根本的孤獨症，他在文章《我的世界觀》中坦率地做了自我剖析：「我對社會正義和社會直接接觸的淡漠，兩者總是形成古怪的對照，我實在是一個『孤獨的旅客』。我未曾全心全意地屬於我的國家、我的家庭和我的朋友，甚至我最接近的親人。在所有這些關係面前，我總是感覺到有一定距離並且需要保持孤獨——而這種感受正與年俱增。」

愛因斯坦終身對物理學、藝術和哲學的真摯之愛，也是企圖改變、緩和、減輕天生這一孤境。他為了排遣自身的孤獨感而進行創造，留下一筆精神遺產，竟會使今天千百萬人感受到溫暖，真是不可思議！在艱難而短暫的人生中，能時時體驗到根本孤獨感並尋找到解救方法和出路的人，自會感到一種悲壯的奇美。也許，恰恰是這種人才會對全人類懷有一顆博愛之心。

淺薄的快活和廉價的感官享受，遠不如處在根本的孤境中並力圖去沖垮它來得幸福，這是在搏鬥中不斷超越自己、超越時空的高貴幸福。也只有這樣，我們才能理解如下這句人生格言：「缺少了寂寞，就不可能有真正的幸福。」

人人都可能有孤獨的時候，但並非人人都能夠戰勝自己的孤獨感。對此，我們提出以下幾點建議供大家參考——

1．**首先要戰勝自卑**　因為自覺跟別人不一樣，所以就不跟別人接觸，這是自卑心理造成的一種孤獨狀態。這就跟作繭自縛一樣，要衝出這重重包圍，你首先就必須咬破由自卑心理所組成的繭。

2．**獨自生活並不意謂著與世隔絕**　一個長年在外工作的氣象員常常感到有必要把自己的思想告訴他人，可是身邊無人，所以只好用寫信來滿足這一要求。因此當你孤獨時，翻一翻你的通訊錄吧！

3．**溫暖別人的火，也會溫暖你自己**　當你與人共處有一種孤獨感時，最好的辦法就是「忘我」，想想自己能為他人做點什麼呢？

4．**享受自然、走入社會**　許多有過痛苦經驗的人都說，當遭遇厄運襲擊而又不能對人傾訴時，他們不由自主地走到江邊去，被清爽的江風吹著，心情就會漸漸開朗。

5．**確立自己的目標**　一個懂得活著是為了什麼的人，是不會感到寂寞的。

2．克服沮喪

沮喪是最常見的情緒不滿，它可能是終身的，也可能是短暫的。它的成因可能是由於心理上的遺傳，也有可能是生理上的因素。

「我感到厭煩，不願見任何人！」

「我全然不想試試，這是一段最不能表現工作能力的時期。」

「我感到厭倦，對任何東西都沒興趣！」

「有一種軟弱和孤獨的感覺！」

「我感到失望，卻沒有任何轉變的方法，我不能改變這種心境。」

「失去了自尊。」

「我害怕見人，周圍的人全都給我不愉快的感覺。」

「總伴隨著孤獨、惱怒、失望、自卑，感到沒有人真正會照顧我。」

「內心中似乎有一種永無休止的痛苦。」

「我感到非常內疚。」

這些都是日常生活中所能聽到的沮喪的表露。

醫學發現許多疾病可能產生沮喪，諸如內分泌紊亂、酒精中毒、低血糖、缺少維他命和貧血等等。

不恰當表示的惱怒（如壓抑）不會簡單消失，它變得內在化並直接有害於自己。無端地被他人辱罵、羞辱和利用，就會變得憤怒，它轉而導致人們失去自尊且最終感到沮喪不已。

失去一個可愛的人，失去威信、地位或成功的希望，以及由於身分、地位、工作的變化，而感到降低了聲譽，使得個人的價值和未來的希望都已消失。

孤獨對產生沮喪也能起作用。孤獨的人在長時間裡一直很少與人交往。

他們或許缺乏交際技能，不能得到他人的認可、被注意及結識新人。沮喪的人在失去正常的人際關係以後，由於沒有目標，不能用言語表達憤怒，所以感情不能被控制。他們在生活中是處於一個特異的地位。

失敗主義的態度是一種常見的沮喪伴隨物。源於一種較差勁的生活方式。

我們被訓練得很少思考：因為我們是無能的。不能經常地去為實現我們價值感的合適目標而工作，經常認為自己是「笨蛋」而不是「機敏的」。失敗的經歷使人們確信原初無能的想法是正確的。「我們繼續去期望失敗。」爾後，我們總結了所有的經歷，再加之自我厭倦的情緒，得出這樣的結論：我們是徹底的失敗者。

因此，要想在人生的道路上取得成功，就必須克服沮喪，樹立信心——

1．**不要沉溺在其中**　克服沮喪的困難之一是克服失望感，而朝目標向前奮鬥是克服這種失望感的最好方法。要多去計劃成功和愉快的事情，加強安排各種活動和你所需要的機會。

2．**不妨來點冒險**　通過涉足於就業和愛情上的冒險，以引起你對周圍世界較大的興趣，可以帶給你較大的滿意。

3．**想一些高興的事**　通過回憶過去的愉快情景來練習對情緒的影響，從而努力創造一個快樂的環境。感情的痛苦有時也能通過沉思你所羨慕的人和事而得到緩解。

4．**重新定位人際關係**　努力和那些關心你的人發展一種感情上的相依關係。結束與你不好的人的關係，並以對你感興趣、能與你分享感情的那些人去替代他們。

5．**立足於現實**　從你正在做的事情中尋找樂趣。如果你的沮喪是來自過去，並且無法改變，那麼努力尋找新的快樂局面。

6．**努力去做一些有用的或愉快的事**　運動、閱讀、畫畫、玩遊戲、跳舞、烹調，從事某種業餘消遣，作曲、聽音樂或其他。

7．**適度發泄**　猛擊拳擊袋或枕頭以便發泄憤怒而後擺脫它。也可以像電影裡的阿甘一樣，不停地跑……

8．**健康檢查**　假如你的沮喪不合情理地持續很長一段時間或沒有任何明顯的原因，你應做一次整個心理及生理上的檢查。

9．**馬上改變自己**　可以去從事某項積極的、感興趣的事情。通過加強你自己的人生價值，從而使你從不愉快的感覺中擺脫出來。

10．**心情最重要**　使自己處於愉快的環境中，有吸引力的衣服、配件和精心布置的房間，將會給你增加愉快的魅力。它將讓你感到自己是一個「勝利者」，

而不是一個「失敗者」——的失落感。

要擺脫沮喪，說起來容易，做起來難，這時你不妨用「陽光療法」——就是走出去，讓自己多流汗，然後洗個冷水澡，如此多做幾天，甚至養成這種習慣，對你一定有莫大的幫助！

3．充滿熱情

成功者的一個特性是他們都擁有熱情。我有一位朋友，曾對我講過這樣一件事，他應邀在一家公司當推銷顧問。在該公司的許多推銷員中，有個叫Ａ的推銷員，他在自己負責的地區裡，每月的推銷額達二十萬元，是這個公司每月推銷額的最高紀錄。上司覺得Ａ氏有希望，便派他去更大的、更有希望的地區負責推銷工作，上司認為Ａ會取得更大的成績。可是，第二個月Ａ氏推銷額仍然是二十萬元。不久，Ａ氏被派到本公司最不容易出成績的地區，但他在那裡的月推銷額仍是二十萬元。

這究竟是怎麼回事呢？於是，我的朋友和A推銷員談了話。通過談話得知，問題不在於他所負責的地區，而是在於這個推銷員的態度。這個推銷員對自己下了這樣的定論，認為自己就是實現月推銷額二十萬元的人。不論客觀情況發生了怎樣的變化，對於他來說，都沒有多大區別。

被派到成績上不去的地區時，他為達到二十萬元推銷額拼命工作。但是，負責易出成績的地區時，得到二十萬元推銷額很容易，所以經常偷懶。說來也奇怪，一旦達到了目標，他不是身體有病，便是出了事故。這個推銷員一經發現操縱自己的不是作為推銷員的內在實力，而是自己的精神狀態和工作態度這一事實，他就很快地刷新了過去的紀錄。

在人們當中，和這個推銷員一樣被同樣的鎖鏈鎖住手腳的人，比想像的還要多。在人生道路上，我們的地位低，成績不太大，往往不是能力差，而是自己低估了，對自己所做的工作缺乏熱情。

所以，你要重新評估自己，讓心中燃起熱情，這將改變一切。

另外，熱情還有一個重要特點，就是有強烈的感染力。你也許有過由於小賣部店

員的熱心推薦而買過許多東西的經歷吧！或者見到過非常熱情的講演者使聽眾狂熱的情形吧！假如你充滿熱情，你周圍的人也會受到感染。這是什麼道理呢？這就是說，要想使別人使勁，使別人熱情，首先自己就必須熱情。

如何才能擁有熱情？其基本方法並不難，可以採取以下三個步驟——

一、了解自己的真心

要進一步深入研究你，可以考慮一下你所感興趣的事物和完全不感興趣事物，如打撲克、聽音樂或參加體育活動。然後向自己提問：「我對這些事物，究竟了解多少呢？」回答大概十有八九是「不太了解」。

這件事情不正向我們表明如何產生熱情的關鍵所在嗎？為了提高熱情，對過去不感興趣的事，也應當充分了解，即使看起來枯燥無味的也好，像數學公式也好，如果研究之後了解其意義，也能產生無窮無盡的興趣。

越是深入研究越能產生熱情。其次，在必須做自己不願做的事情的時候也要試用這個理。還有，對某件事情感到十分厭煩的時候，也要試用一下這個原理，只要深挖，興趣之泉就會自然湧現。

二、做什麼都要有活力

你是否有熱情，通過你的一言一行會全部表現出來。你以鞠躬表現你的活力，那麼，鞠躬時不應是似鞠非鞠的樣子，而是發自內心，表現出——「你來了，我很高興」以及「見到你，我很快樂」的心情。在你的微笑中也要表現出活力，要用眼睛微笑。沒有一個人不喜歡自然的微笑，微笑要發自內心。

談話要表現出誠意，充滿活力。不論對上司談話，對有希望的顧客談話，還是同小孩談話，都要充滿熱情。

你知道「行動產生熱情」這句話嗎？

這句話的意思是說，行動和熱情是相輔相成的，你能夠按照自己的欲望去行動。同時，通過行動，也能感到整個情緒都被帶了上來。

所以，在你賦予你話語活力的時候，會自然的賦予你本身更多活力，請你勁頭十

足、充滿活力地說一遍：「今天太棒了！」看看，你一定會感到比說這句話之前精神飽滿多了。

三、傳遞好消息

不論在什麼情況下，如果有一個人進來說：「有個好消息！」這時不論是你還是我，都會把百分之百的注意力集中到那個人身上。好消息有很強的感染力，不僅能吸引注意力，還能激發熱情。

要向家人傳遞好消息，把當天發生的好消息告訴家人，回顧你所經歷的、有趣的、愉快的事，把不愉快的事放到腦後。要傳遞壞消息是沒有意義的，壞消息只能讓你的家人傷腦筋，要每天給家裡帶來一絲光明。

好消息換得好結果。傳遞好消息，不僅能使你充滿活力和熱情，使你精神振奮，也能使別人充滿熱情，精神振奮。

4．創造愛的小屋

怎樣才能創造愛的小屋呢？最好的辦法之一就是把愛給你自己，其次就是創造一個新的環境。

我們都曾有過一進家門便迎面撲來的溫馨氣息以及熱情問候的體驗。在那樣的時刻，舒適好像都寫在了牆上，事實上也的確如此，因為居住者的精神本質已經浸潤到了磚結構中。一些家裡溢滿了愛的感覺，它必然要以一定的方式顯現出來。只有在特殊情況下（比如被宣判了的罪犯的家庭以及父母長期爭吵不休的家庭）你才會有別樣的感覺。

創造一個好的家庭氣氛並不需要花費太多的錢。定期的維修、聰明的色彩選擇、充盈的愛以及和諧與舒適之感至關重要。以簡潔的線條、光亮的地板，以及高高的花瓶中的一枝完美的百合作為日本簡約抽象派風格房間的主要構成，這一切比起那些給人以虛假的安全之感的繁瑣的構造，更能悅人眼目（或心靈）。

不應該在家裡擺放任何你不知道有什麼用或者是你覺得不美的東西，反之，則可

以使空間出現無限的延伸和發展的可能性。

古代東方哲學中的風水學說，就是建立在人體、心靈以及環境的平衡所產生的和諧與愉悅的基礎之上。

在西方，風水學說——作為一種中國式的家庭保險，已經得到了廣泛的普及，與針刺療法具有同樣的原理，它的目的在於將內在的能量釋放到環境中去。家具的擺放要和諧一致，鏡子的安置要能折射出別有一番洞天，連燈也要裝在相應的角落——所有這一切都是至關重要的。它不僅是基於美學上的考慮，也是從創造一個可以讓好運進來並占據整個建築物的通道的角度來考慮問題的。

總之，無論是東方還是西方，風水學說的最終目的，就是讓人們生活在一個溫馨的環境下，以便充滿熱情地去迎接生活的挑戰。由此可見，創造一個愛的小屋，也是十分重要的。

無論你的生活方式是哪種類型，以下方法都會讓你營造一個舒適的家庭氛圍——

1．採光——廚房和樓梯要用強光，或者以燈的有目的地擺放增強光線，營造氛圍。以強光照射一幅畫或者裝飾品，或者是用地板燈的光線將窗外的樹影折射到牆上。讓光線從你的肩膀上斜射過來照在縫紉區或讀書區。鏡子要放在窗子的對面，以把光線反射到灰暗的房間中。

2．**聲音**——給自己營造一份寧靜和一點變化。自然的音響也是一種很好的代替品，風聲、風鈴聲、樹林的喧譁、渺無人煙的岸邊的水流聲。古典樂可以起到令人鼓舞的作用；排簫有一種引人入勝的魅力；流行音樂則給人以活力；「劈柴引水」能體現出禪宗的一種思維方式。

3．**色彩**——黃色的牆壁可以增加暖意，藍色是一種寧靜的顏色，而土色則使人產生懶洋洋的感覺，綠色富有生機，紅色則代表著熱烈。你房間裡的色彩不要讓你煩躁，所以你一定要使它們處於一種和諧的狀態之中。

4．**氣味**——你的家裡應準備好蠟燭和具有各種香味的油，把一個香料瓶放在燈的托圈頂上，把芳香的油倒進去，隨後油便沉澱了。夜晚的燈光所發出的熱量讓芳香的油變暖，並由此而釋放出一股彌漫整個房間的香氣。

5．**織物**——把你的家裡擺滿柔軟、絢麗的織物——為你的椅背準備一副天鵝絨靠墊、一副可以把手指深深地包裹起來的柔軟的護手，在羽絨被的下面鋪一床純棉墊單。

6．**紀念物**——讓你的照片、收藏品、書、繪畫以及你最喜歡的CD唱盤，重現你過去的美好時光。

7．**乾淨整潔**——如果房間顯得凌亂就把它收拾一下，把不用的東西賣掉。如果你的東西已經壞了，你又沒有時間拿去修理，那就先把它收到儲藏室。

8．**良好溫度**——檢查一下你的房間是否溫暖而乾爽，要做好通風保暖工作，積存室內能量，保持溫度。

9．**家的感覺**——家不僅要讓人感到舒適，還要有安全感。只有居住者獨特的感覺以及充滿了居住者的生活情趣空間，才能把家與房子區別開來。

10．**讓你的生活空間對別人也合適**——我們的家是我們必須面對的一切。即使是最擁擠的小屋，只要它充滿了愛意，也強過一座無人拜訪的城堡。充滿愛的家庭，是真正幸福的家庭，而只有使你的生活空間對別人也適合，你的家才能是真正充滿愛的家。

5．從工作中得到樂趣

盡你最大的努力，無論你是一個服務員還是一個腦外科醫生，熱愛你的工作環境是解決一切難題的良藥。這是一種敬業的觀念。

服務是一種模棱兩可的概念。在維多利亞時代，它和「樓梯下面」與「獲悉別人的祕密」是同義詞。那個時候，服務經常被人看作是平等與自我實現的反面。可是，真正的服務和把額前的劉海撥開並低眉垂眼是兩回事。接受服務和以自己的能力向更高的階層提供服務都是一件值得驕傲的事情。尤其是到了現在，通過你對社會的服務，你會把尊重獻給那些從事服務工作的人。

提供服務並不是一件令人厭倦、沒有什麼趣味可言的工作。真正的服務，不是空口的應酬。微笑服務是一種比較好的工作姿態，對於事業也是頗有益處的。

把工作看作是一種享樂，看作是自我創造力的表現，就能愉快地工作。在現實生活中很多人都是這樣做的。勞動和娛樂的不同點就在於思想準備不同，娛樂是樂趣，而勞動則是必須做的。

造成思想準備差異的原因是我們的動機。如果能從工作本身或工作結果得到樂趣，那麼，登山、打高爾夫球、從事企業經營、當人壽保險推銷員等都一樣，這樣，勞動也就轉化為娛樂了。

相反，做某一工作的惟一理由只是因為「不幹不行」，這就是單純的勞動了。如果你的第一目標是金錢，那麼可以說，你自己正在製造過度疲勞，壓力過重，過分緊張。在這裡，必須引起注意的，並不是說錢就不成問題了，也不需要了，重要的是不要把精力全部集中到工作的經濟回報上，而忘記工作本身得到的樂趣。

即使職業高爾夫球員，如果把注意力放在娛樂上，就可以和更多的業餘高爾夫球員一樣，更加愉快地投入比賽而且有更多的勝利機會。如果只有獎金占據了你的心，而不把注意力放在娛樂上，那麼結果將既賽不出水平，錢袋也空空如也。

過分著眼於金錢的人往往是一事無成的，而把自己的工作視為樂趣的人則往往會取得非凡的成就——

1・不管是幹簡單無聊的工作或家務瑣事，不要老是考慮這件事情本身是多麼無聊，而要先融入工作之中，毫無遲疑地幹起來。

2. 制定計畫、解決問題及進行其他需要高度腦力的工作。不要等待精神支配你，而是你先坐到辦公桌前，做起某項工作，把你的思想發動起來。

3. 如果你想做點什麼、那就立刻動手，「現在」這個詞對成功來說是一個具有魔力的詞。像「明天」、「下一週」、「以後」、「等一等」等這些詞，則往往意謂著失敗。

4. 避免犯「等待」錯誤的方法。要善於預測未來的故障和困難，發生問題和故障時要及時處理。中斷工作時，要考慮到最後程序，以便於再次著手。這樣會給你增添重新開始時所需的力量。

5. 在蒐集材料時，要尋找一下什麼地方有自己所熟悉的因素，如果有這樣的因素，可以利用它作為出發點。從不同的角度觀察所從事的工作，在某一方面不能引起你的興趣，但在另一方面卻能引起你的興趣。

6. 你現在從事的工作是局部的，但在你心裡要描繪出全局的更大工作輪廓。要多想想你努力的最後成果，要想像完成時的滿足感。

7．對你從事的工作，設定成功的尺度、達到的質量、正確性，以此向自己提出挑戰。

8．堅持完成眼前的工作。如果養成了不半途而廢、堅持到底的工作習慣，那麼，你的意志和完成任務的能力肯定會有顯著的進步。

9．制定有效的計畫，安排完整的時間表，並且嚴格執行。

10．多參加社會團體活動，可以擴充你的思想，擴大你的視野，以便提高你的工作能力。

6．從友誼中獲得滋潤

友情是一種特殊的人際關係。戀人的關係、家庭的紐帶，儘管也是密切的，但在一定意義上來講，它們有著自然的、本能的要素；而友情卻是只有人類才具有的，是人的生活中不可缺少的寶物。

真正的友誼，很少被本能的欲望與利害的權衡所驅使，因為它是心與心親密的接觸相撞而產生的、語言所不能表達的強烈共鳴，它是一種摒棄了其他任何目的的純信賴的感情。朋友當然有很多種，親密的程度也各不相同；但是，我所講的是真正的朋友，是能夠相互理解相互信賴的朋友。這樣的朋友我們經常尋求，不過，沒有尋找很多的必要。假如我們能遇到真正的知己，即使只有一、兩個，那也將是人生巨大的財富，是生活給予我們的不朽的力量與最大的歡樂。所以，我們必須珍視友情。

我們經常可以看到一心撲在孩子身上的父母親，也經常可以看到向情人慷慨地獻上自己愛情的年輕人，此外，對朋友懷著深情厚誼的也大有人在。可是，與鄰居和其他人也能友好相處的，卻為數不多。友情是對他人的關心及所得的回報，並使自己能安穩而遂心地度過一生。

個體心理學的創始人阿德勒曾經說過：「一個人如果缺乏友愛之心，那麼他就會遭遇到很大的困難，同時也會給其他人造成很大危害。」這種友情或友愛，體現在各種各樣的行動中。在日常生活中，傾注這種感情的機會，多得不可勝數。譬如說，為他人做出自我犧牲，做份外的工作，撫慰年邁的鄰居，打心眼裡為朋友和同事的成功而感到高興，為別人分擔憂愁等等。

朋友們，請珍惜你們的友情吧！據說，世人除了一個知心摯友外，沒有任何一種藥物是可以舒通心靈之鬱悶的。我願把心靈的琴弦交給知音去彈撥。

人生之旅總不會一直是個「獨行俠」！

從兒時到暮年，不同的時段，每個人總多少有幾個朋友。即使孤獨者，也未必終身孤獨，大約也曾有過或將會擁有朋友的滋味。如果不把朋友僅僅局限於某一個層面，諸如男女之間有著特殊含義的男朋友女朋友，那麼擴大開去，朋友的天地實在是一個廣闊的世界。同窗、同事，可能成為朋友；偶然的相識、相交，也可能成為朋友；還有諸如：親友、筆友、棋友、茶友乃至病友、難友，也都是朋友。

朋友是人際間的一種粘合鎖鏈，連接的是一種志趣、一種情懷、一種傾心、一種關照。更深一層的，或許還是一種溫馨，一種牽掛。有朋友同行，是一種安全；有朋友聲援，是一種力量；有朋友忠告，是一種激勵；有朋友惦念，是一種幸福。困難或憂傷的時候，少不得朋友；順利甚或輝煌的時候，也少不得朋友。「在家靠父母，出門靠朋友」，正當的人際交往的確少不得朋友。

如果想終身都擁有朋友，就必須懂得如何珍惜友情——

1．**相互信賴**　在友誼中，相互信賴是首要條件，這種信賴當然伴隨著對對方的尊重。接觸對你信賴的人，就可以發現自己所沒有的長處，從對方身上得到激勵與鞭策；把自己的信賴寄予朋友，這也勝過任何鼓勵與安慰。

2．**開朗地打招呼**　不要對排擠自己的人怒目而視。即使一時怒上心頭，也要立刻告誡自己：「友好地生存下去吧！這是幸福生活的原動力。」

3．**承認別人相當出色**　這樣，不管你的職業和地位如何，你的牢騷就會驟然減少，你對別人的讚賞之心就會增加。與此同時，敵對情緒將會煙消雲散，心中的煩惱也將冰消瓦解，你就會覺得，每天的生活就像一幅色彩斑斕的圖畫。

4．**不要為難朋友**　作為朋友，應該理解朋友的苦衷，任何人的能耐都是有限的，不要過分地苛求朋友。不斷地向朋友出難題，即使是真誠的朋友，也會感到力不從心，甚或增添幾多煩惱。

5．**更應該體諒朋友**　體諒朋友沒有辦成的事，或體諒朋友沒有如約而至，或體諒朋友久無音訊。朋友非聖賢，他的弱點需要體諒；朋友有苦衷，他的舉措

需要體諒。相信朋友不會愧對朋友，也不會忘懷朋友，體諒朋友才會讀懂朋友之道。

第4章

我們都處在真實與虛幻的世界

不斷強迫自己去追尋掌聲的人，
是永遠無法獲得滿足的。
受歡迎並無濟於消除寂寞，
同時，受歡迎的情況也不可能長久而不變……
人們在舞台上，得到的總歸是虛幻的掌聲，
既然身為人，就得學會與自己的真實世界相處……

1．美與醜

自人類從原始社會向近代和現代社會逐步發展和過渡起，人類就開始有了審視美醜和好壞的能力和意識。隨著人類的不斷進步，人們的這種意識也就得到了深化。

世人都厭惡醜，痛恨壞。其實，美還不是醜給襯托出來的？好還不是壞給襯托出來的？沒有醜，美從何來？沒有壞，人怎能顯出好？

英語裡有這樣一則諺語，叫「Every cloud has a silver lining.（直譯為：每塊黑雲都有一個銀白色的光圈）」。這句話的意思是說，壞的事物總有其好的一面。我們也常聽一些智者說：「壞事能變成好事」，這也說明了好與壞的辯證關係。確實，好來源於壞，沒有壞就不可能有好。同樣，沒有醜，也就不可能有美，美是建立於醜的基礎之上的。

世間萬物的均衡發展和生存，依賴於不同事物或因素的相互扶持：高山峻峭，若沒有塵埃和雨水，它那蔥綠的外衣也難保存；花兒長得艷麗宜人，沒有又髒又臭的糞肥和水恐怕也難生存。人吃的大米香噴噴的，恐怕也離不開讓人討厭的糞肥。假如世間有永恆的美，那麼美的背後一定有個醜；假如世間有永恆的好，那麼，好的背後也一定會有個壞。不僅自然界如此，我們人類也不會例外。

我們談論好壞事物的扶持作用，並不是要表彰或縱容醜的或壞的人或事。

我們僅想通過這些實例說明世間美醜、好壞事物的相互作用。而了解這些作用的目的又在於讓人們能更清醒地、正確地對待自己的成績和失敗，正確地對待自己周圍所發生的一切。

我們想告誡人們，世間好壞、美醜事物的存在是辯證的。而當我們處於「好」或「美」的狀態時，不應忘記可能出現的「壞」和「醜」。這樣，當我們有了「光輝」、「成績」、「名聲」、「榮譽」時，也就不至於再自高自大或目空一切。相反，沒有「光輝」、「成績」、「名聲」和精神高尚「榮譽」的人們，也應正視自己的一切，切勿自暴自棄。

在各行各業工作著並有了成就的人們：當你們獲得了一個又一個獎章獎狀的時候，千萬別忘記了那些為你那個獎出過汗、賣過力，工作在臺下或臺後的人們；為了保持「美」就不要被別人的掌聲沖昏了頭，而是要堅持不懈地去努力、去奮鬥。

你辛勤地工作終於得到了回報，你做了部門主管——一個你曾經夢想的職位。你相信新職位可以讓你一嘗管理階層的特權。比如拖延文件的處理時間，以公司的名義辦私人事情，午餐時間過長，等等。你心裡認為這是理所當然的事情，否則升職又有什麼用呢？你甚至在別人走進你的辦公室時，也不把蹺在辦公桌上的雙腳拿下來。

你根本沒有注意到職員們的眼神。

如果真是這樣，你顯然是被虛幻的掌聲沖昏了頭。在得意之餘，無疑你已經走上了自毀的道路。

這是因為——

1·這是你喪失進取心的表現。

2·你會影響他人的工作進度，令人不能如期完成工作。

3·你可以升職，同樣也可以被解僱。

4·你辜負了上司對你的賞識和信任。

5·所有的人都討厭只會享受而不知道拓展工作的人。

6·你的同事也會照你的樣子做。

所以，你要記住，成功是一個旅程，而不是終點。你應該更具進取心和責任感。升職帶來特權的同時，也附帶著更高的挑戰，你應該不斷武裝自己，為自己定下同樣的計畫，時常激勵自己，不管多麼疲乏，也要去嚴格執行。

同時，要記住「不進則退」的道理。

因為，為了你的明天，你應該——

1．把注意力集中在工作上。

2．你應該更具進取心和責任感。

3．在誘惑面前一定要控制住自己。

4．收斂鋒芒，爭取他人的支持。

5．對自己提出更高的要求。

6．塑造高尚品格和良好形象。

7．認清自己的能力。

8．絕不要自作聰明地批評別人。

2．明星的寂寞

精神病醫師莫利諾根據他長期的研究，發展出一套叫做「社會公克」的理論。所謂的社會公克，指的是一個團體中，所有社會關係形成的地圖。

看到這樣的說法，你可能還是滿頭霧水，所以，在這裡我們舉一個他做的研究調查作為例子。

莫利諾到了一個三十人的文法班中，要求裡面的小孩們寫下他們最想和誰一起坐，依照「最想」、「次想」、「次次想」的順序，把這些人的名字寫下來，交給研究的老伯伯。

然後，研究者將結果依次排出，找出最常出現的名字，把這個名字寫在一張紙的正中央作為圓心，在名字的外面畫上圓圈；再圈選出第二個受歡迎小孩的名字，寫在他的旁邊，名字也用圓圈框起來，最後，從每個小孩的名字旁邊，畫個箭頭連到他所圈選的三個人名上。

畫出來的圖表，也就是前面所說的「社會公克」，顯示出最受歡迎的小孩，可以被稱為明星的孩子。一個班級裡可能會出現兩三個明星，但很少多過三個。而很多小孩都會圈選這位「明星」，但不見得這位明星就會圈選其他的小朋友。這也是沒有辦法的事。因為按照規則，能選的明星數只有三個，可是會選這些明星的人卻可能多達十五人。

沒有任何人圈選的小孩，就是孤獨者。很明顯的，孤獨者往往都非常寂寞，但是很少人會注意到，其實明星們也常常感到寂寞。明星身分讓這些人失去了普通小孩的身分，而被視為特別的人，而這種眼光成了他們沉重的包袱。人們總想從他們那兒得到些什麼，而那是超乎他們所能付出的範圍的。

作為一個注目焦點，或被別人推著參加各項活動，這些期望形成很大的壓力，讓他們沒有「安靜的時間」可以做他們「自己」。更常見的是，明星們沉溺於眾人的崇拜與注意，而忘了培養自己內心的資源。

上面對於明星小孩的描述，大體上都是真的。不論年齡，不論舞臺，明星的身分都是種包袱，一點也不令人興奮。擁有這種身分的人，到頭來往往都會視之如詛咒，而非祝福。

《浪費之地》的作者艾利歐特，被視為是二〇世紀最偉大的詩人。可是作家諾曼・唐德生卻看到艾利歐特的另一面，在他的筆下，他是這樣寫的，他寫道：「艾利歐特是個奇怪、避世，而且常常很怪異的人，但在大家的捧場下，他成了一代文化的宗師。」宗師的角色和隨之而來的光環，並沒有在艾利歐特的頭上創造出炫目的光芒，反而有更多的證據顯示，它帶來的是情感上持續的孤獨。

抬頭看看天空真正的星星吧，它們都是燃燒中的恆星，離我們最近的那顆星，被我們稱為太陽，我們就是繞著它轉。然而，太陽意謂著獨一無二，也就注定是寂寞又孤獨的，這說是恆星的命運，無論是天上的星星，或是人間的明星，本質上都只能孤獨地存在。

不要刻意去追求明星的身分，只在意來自於你所在意的那些人的掌聲就行了。因為，你無論怎麼做，都不可能符合每個人的胃口。

你喜歡「潑冷水」的工作。每當別人興沖沖地跑來告訴你喜訊的時候，你都曾不屑一顧地說：「這沒什麼，人人都可以做到這些，只不過你的運氣好而已！」你認為他們所取得的成就遠遠不如你，他們在你面前想露出得意揚揚的神色。你到處傳播這種想法，別人取得的成績，成為了你嘲笑的對象。

你如果這樣做是相當愚蠢的，因為——

1．不尊重別人，傷害了他人的自尊心。

2．這是嫉妒的表現。

3．你的評價會影響他人的聲譽。

4．你沒有權力對別人這樣做。

5．不可能抬高你自己。

6．人際關係會惡化。

7．得不到別人的尊重。

你如果想獲得別人的尊重，就必須做到以下幾點——

1．當別人在某方面發揮了自己的特長、取得了成就時，你應該誠摯地向他表示真心的祝賀。

2．即使他不在你的面前，你也要對他做出客觀、公正的評價。

3．如果你不了解真實情況，你可以閉口不談。

4．貶低他人的能力和成就，是他人不能容忍的，會引發不必要的矛盾衝突，最終的結果必然是你被別人指責，陷入孤立無援的境地。

5．記住，要想達到目標，讚揚遠比貶低和指責有力。

3．悅人與悅己

想要受人歡迎，你會遭逢一個主要困難：你必須試著取悅的人，實在是多如牛毛，亞伯拉罕．林肯曾對愚弄人的困難處，做了長久而透徹的觀察。我們在這裡借用他的理論，把它應用於取悅人上面，於是我們可以得到以下這句話的論點：

「如果可能的話，你是可以一直取悅一些人的，你也可能暫時取悅所有的人，但你不可能一直取悅所有的人。」

假設你聽了上述偉人的話，仍然執迷不悟，想方設法地要取悅一個團體裡的所有人，惟一的結果，就是讓你自己活得很悲慘。有些人真的這麼嘗試過，很明顯的景況是——他們最後都以失敗告終。

亞伯特，艾利斯是「理性——情感行為治療」的基本創作者，他曾提到一個相當重要的不理性的想法，他的論述就是，當一個成年人認為，被他或她生命中所有重要的人贊同或喜愛，是非常必要的，那麼，這將會成為他或她一生最大的悲劇。而對「受人歡迎」的渴望，更是個不理性的想法，因為在這種情況下，希望得到贊同的渴求，已不僅止於重要的人，而是遍及於所有接觸到的人。

身為五金行老闆的克利斯特，他有話要說：在他父親過世之後，他頂下了父親的五金行，開始經營這家有點老的店。但陰錯陽差，不久他竟然走上了從政之路。

後來，克利斯特說——

「回顧一生，我一直要自己當個取悅別人的人，從小我就常聽母親對我的阿姨們說：『克利斯特真是個討人喜歡的小孩，這也是我為什麼疼他的原因。』幾年前，我當選了鎮長，那幾年可以說是我教導人們如何歸屬於一個組織的頂峰。我是鎮長，在我的想法裡，鎮長就是鎮上最受歡迎的人。

「我一直試著取悅每一個人，對每一個人都好，我從沒真正了解到，當一個鎮長、鎮民代表的首腦，必須要做出許多艱難的決定。一個真正有效率的好鎮長，是不可能取悅每個人的。

「在辦公室待了七個月後，我得了嚴重的高血壓，醫生告訴我，我很可能會中風或是心臟病發，其實我的病並沒有器官上的病變，而是壓力過大引起的。

「更糟的事情又來啦！我做的每件事，都只讓我覺得更孤獨，更不被喜愛或被接受。我沒有辦法讓每個人都快樂，甚至我的妻子都漸漸和我保持距離。我記得有一天，她對我說：『克利斯特，你已經變成一個空洞膚淺的人了。』我開始為自己難過，並漸漸遠離人們。

「最後，我決定這是我該做選擇的時候了。眼前只有兩條路，一條是辭職不做，但那意謂著我失敗了。因此，我只有另一條路可走，也就是努力做一名有績效的好鎮長，而不是取悅於眾人。就算我下屆選不上，那也只有認了。於是，我開始當一名真正的鎮長，我的寂寞與緊張也就隨之煙消雲散。

「附帶一提，我沒有連任成功，但我很滿足地當我的五金行老闆，而且血壓也恢復了正常。雖然我有了忠誠的擁護者，但也有了一些不喜歡我的人。不過，那都無所謂，生意歸生意，一切繼續和平常一樣，日子還是快快樂樂地過。」

所以說嘍！被人喜愛雖然是很重要的，但上蒼並沒有要求你要被所有人喜歡！

你在公司辛辛苦苦多年，一直沒沒無聞地工作，並在現在的工作崗位上做得十分出色。不過這麼多年，你的才華和技術都未被人賞識，功勞都落到了別人的身上。在公司裡你應該有良好的聲譽，但可惜很少有人知道你的工作為他們帶來了什麼，人們已習慣於你的沒沒無聞，就連你的上司有時也記不起你的名字。你相信總有一天別人會發現你這個人才。你為升入管理層做了多年準備，但最終還是……

這樣做，只會讓你感覺越來越壓抑，使你的才華被埋沒。因為——

1．上層不會提拔不了解的人。
2．你的功勞成了別人升遷的基石。
3．你不能完全挖掘自己的潛能為公司服務，因為你沒有相應的權力。
4．過分地謙虛會被視為懦弱。
5．內心的鬱悶會影響身體健康。

因此，為了明天，你需要爭取機會來表現自己——

1．自告奮勇做一點組織性的工作。
2．主動與有權力的人以及他們周圍的人接觸交往。
3．儘量讓自己的名字出現在主要的社交場合。
4．提供可以顯示自己才能的有效建議。
5．嘗試找出公司一個迫切的問題，並拿出一個可增加自己知名度的解決方法，然後有效地將之推行。
6．在公眾場合，展示自己的特長，對於屬於自己的功績，無須謙虛。
7．讓所有的人看到一個充滿活力、積極進取的你。

4．關於「時間」

如果你身為三個以上社團或組織的成員，那麼，設法將數目降到兩個吧！

參加社團或組織，不失為一個有效排解寂寞的方法。然而，一旦你參加超過兩個組織，你常會發現，時間不夠分配。艾莉絲是ＰＴＡ（家長教師聯誼會）的成員，也隸屬於當地的ＹＭＣＡ（基督教青年會），精力充沛的她還參加了橋牌社；她和她先生另外還參加了一個方塊舞的社團，也常會要求他們夫婦一同出去遠足。她身為ＰＴＡ的祕書，常常必須負責記錄並報告會議紀錄，還要為ＹＭＣＡ尋找演講人。同時，她和她先生都身兼方塊舞社的招待委員。

天呀！莫非艾莉絲是個能力非凡的女超人？

非也！非也！

艾莉絲說：「我把自己累壞了，只覺得頭昏眼花，緊張得不得了。本來很有趣的一些事，都變成了義務。我只是想有很多朋友，只想被喜歡，但我發現我只是把自己忙得團團轉，卻什麼都徒勞無功，這樣一點意義也沒有，我也許真的很紅，但卻紅得連一點時間都挪不出來跟任何人交往。

「現在我只參加ＰＴＡ的活動和方塊舞的社團，終於有時間可以分給自己了，這樣反而感覺好得多了。」

同樣道理，不要再扮演好客的男主人或女主人的角色了！這樣，不僅會占去你的

大部分時間，而且還會把你搞得精疲力盡。也許，你很自豪你能招呼很多人，打開家門，做好菜宴客。在某些限度內，這些真的是很棒的事。

像黛安娜就曾是位非常受歡迎的女主人，她常常勞苦一整天，只為了做出一頓好餐，宴請她的朋友，甚至只有一些點頭之交。有一天，她累得筋疲力竭，忽然間，她捫心自問：「為什麼我要這麼做」，她突然了解到，其實，只有少數她所招待的人，是真心待她、會回請她的人。像有一對夫婦，她招待了他們十來次晚餐，而他們只回請過她一次。

於是，她把這種情況告訴她的考生。他們一致同意，未來他們只邀請那些會真心感謝的人們。她說：「當我做了這個決定後，我突然覺得自己好像一匹做苦工的老馬，終於能夠解下馬具，輕鬆得不得了、我這才發現，過去我們所做的一切，只是想買到一些友誼。在某些情形下，招待人是件愉快又令人滿足的事，但也可以變成一件又討厭又令人沮喪的事。當我最後對這件事感到非常失望時，我只覺得自己被利用和虐待，一點也沒有滿足的感覺。從此，我不再扮演好客的女主人，我只招待值得我招待的人。」

上蒼很公平，它給每個人的時間都是一天二十四小時，你要怎樣分配呢？

從睡夢中醒來，你突然意識到，你和客戶還有個重要的約會，你急忙起身，連需要使用的文件都沒有來得及檢查一遍，就急匆匆地衝出門去。到了約會地點，已不見客戶的蹤影，他讓服務生轉告你一句話，他不會和沒有時間觀念的人談生意。你懊悔不已，為什麼昨天晚上不早點離開舞廳，但一切已太晚了，你只好低著頭回家去……你的上司、戀人、同事、朋友，都已經習慣於你每次約會姍姍來遲。

這樣的惟一結果，就會讓越來越多的人離你而去，因為——

1·未準時去赴約，是對對方的不尊重。

2·你被視為一個不負責任的人。

3·公司的利益受到損失，你的利益也將受到損失。

4·缺乏自我能力。

5·你可能會因此失去工作、戀人和你的朋友。

6·浪費別人的時間是一種罪惡。

因此，為了你的明天，你必須嚴格遵守自己制定的作息時間——

1．隨身攜帶記事本，嚴格遵守自己制定的作息時間。

2．將自己的鐘錶提前一小時。

3．和別人預約事情時，把時間故意向後推，然後提前到達。

4．如果你上午經常都爬不起來，不妨就把重要的約會放在下午或晚上，充分改變利用自己的時間習慣。

5．萬一遲到，一定要表示歉意，即使對方已離去也要立即打個電話。

6．遇到重要事情，可讓家人和朋友提醒。

5．走紅的代價

如果你是個天生內向的人，那麼，請將走紅當成攻擊你天性的致命武器。受歡迎這個概念，是二十世紀的產物，尤其與美國深切相關。舉例而言，一百年前住在英國小鎮或村落裡的人，絕不會擔心他們是不是受人歡迎，他們很獨特、很有個性，甚至還有點怪僻。讀讀珍．奧斯汀、湯瑪士．哈迪，或是查理士．狄更斯的小說，你就會了解我們說的意思。當然啦，那兒的人們還是彼此認識，也是有朋友的，但一般而言，他們並不認為受人歡迎有什麼了不起。

如果你天生就是個內向的人，總需要比較多的時間和自己相處，實行自己的計畫，或者甚至離開眾人一陣子，那觀察自己就變得是件很重要的功課。不過，就算你是個內向的人，這也不代表你就不喜歡或不需要別人，這只意謂著，當你和別人互動時，需要比較多的空間，同時，也意謂著對你而言，受歡迎是個錯誤且不重要的目標。不要有那種「你應該受人歡迎」的想法，覺得你好像就應該那麼做，這不是應該或不應該的問題。在這方面，你只要做你想做的事就行了，法律又沒有規定人一定要受歡迎，假如它真的規定如果不受歡迎就得坐牢的話，自認為魅力已和年齡成反比的我，早就該去投案自首了。

如果你是個內向的人，那麼，「走紅」不但減少不了你的寂寞，反而會讓孤獨感變本加厲，因為正在勉強你自己，你勉強自己去廣泛而淺薄地交際，這種舉動，只會讓你的生活變得更沒有意義。同時，不論你是內向型還是外向型的人，如果你拼命地去追求走紅，你很可能會冷落你的伴侶。

德列克就是一個活生生的例子，他是一個小鎮商人，同時參加了好幾個社團組織，又熱心參與市政事務，每個星期六他都不忘去打場高爾夫球。

他的妻子是名傳統婦女，基於許多可以啟齒和不能啟齒的理由，她並沒有離開他。但是，她卻變得愈來愈肥胖，愈來愈自怨自艾。她是一個非常寂寞的女人，總覺得自己不過是用來陪襯她那人氣旺盛老公的花瓶。

艾爾・裘森曾是本世紀的天王歌手，在主演第一部電影《爵士歌手》後，聲勢更是達至頂點。在他的自傳電影《裘森的故事》裡，就露骨地記載他本身的戀愛史，片中描寫一對相愛極深的男女：裘森和舞者茹比・凱勒，由於裘森沉迷在自己的名氣和眾人的崇拜中，影片的結尾，凱勒離開了他，因為她了解到，他是個自我中心的人，不可能給予她所需要的愛情。諷刺的是，追求走紅的人，也常是寂寞的。德列克很受歡迎，但在情感上，他卻離他的伴侶愈來愈遠。同樣的，艾爾・裘森也是個非常寂寞的男人。走紅的代價竟是如此之大！

管理層的工作一直吸引著你，自從部門主管另謀高就後，你非常渴望坐到他那間辦公室裡去發號施令。你的幾位同事又何嘗不想？為了奪取這個職位，你用盡手段在別人面前表現自己，經過考察，你被上面任命為新的部門主管。

終於如願以償，然而你知道自己缺乏這方面的能力。你擁有的一技之長根本用不上，但你相信，只要自己努力，會逐漸彌補上一切，萬事從頭學起吧。第二天，你坐在那間辦公室裡，望著桌面上的一堆文件發呆，不知從何處下手。

而你的下屬卻正等著你發號施令。

可見，競爭非己之長的職位，無疑是自取滅亡。因為——

1．泯滅了自己的一技之長。

2．無法正常工作，影響公司的利益。

3．難以與他人溝通。

4．你的同事和上級對你會產生不滿，他們會有一種被欺騙的感覺。

5．自找難堪。

6．競爭對手會笑話你。

因此，為了你的明天，你應該找一個可以發揮自己特長的工作——

1．找到一個可以發揮自己特長的工作是你取得成就的關鍵。

2．為了虛榮或其他不良想法而去競爭不適合於你的職位，是極不明智的選擇，你應該心平氣和地對待自己的工作。

3．該爭的去爭，不該爭的不去爭，如果上司的任命有悖於你的真實情況，你應該主動向上司說明你的情況，並推薦合適的人選，這樣做不僅贏得了別人的尊重，還可以讓公司更加相信你。

4．無論什麼崗位，只要有成績，就證明你的事業是成功的。

6．幻覺

在東方人的智慧中，有個很基本的想法，就是把我們所知覺到的世界，當成只是一場夢幻，它的中心思想，就是我們常常不由自主地行動，或不知何者為夢、何者為真，這也是莊周夢蝶的意涵。許許多多我們信以為真的事物，都是建立在謬誤的假設，或是脆弱的邏輯上。如果我們把虛幻的世界當成是真的，那麼，我們就常會做出許多愚蠢的蠢事來。

「受歡迎是很重要」的這個想法，也可被視為幻覺的一部分。這一章揭示了很多情況，說明了執著於「受人歡迎」是沒有用的，甚至會產生反效果，加重寂寞感。下一次，當你發現你自己做出許多舉動，讓你變得愈來愈紅，問問你自己：「我是不是做過了頭了？我是不是為了受人歡迎而出賣了自己的個性？我是不是被這個文化幻覺給迷昏了頭？」在你心中油然而生的答案，將能幫助你從這種幻覺中解放。

所以，尋找幾個較深的關係，而不是一堆淺薄的關係。親密的關係必須與之深交。什麼是「深」交呢？它指的是彼此有些共同的興趣、價值觀，甚或兩者兼俱。舉例來說，你和你的兄弟、表兄弟等人的關係，可能比較多的是建立在共同的價值觀的基礎上，而不是共同的興趣上，相互對生活意義的感覺、對義務重要性和態度的感覺，都很類似，讓你們的關係有共同的基礎。這樣的關係我們稱之為建立在「心」上的感覺，也就是彼此在情感需求上都能感到滿意，而不是在理性的認識方面有所交流。

另一方面，友誼會集中在共同的興趣上，滿足你的好奇心與心靈激盪。例如，如果你對像音樂、小說、烹飪、旅行、打牌、種花、股票或運動有興趣，你可以找些和

你有相似嗜好的人交朋友。

你和上司的私交甚好，一同吃飯，結伴出遊，你認為這是一項榮耀和資本。於是在與同事的聊天中，你迫不及待地表達出來，而且摻入一些不存在的事實，暗示他們，要在某些方面對自己讓步。你喜歡看到同事羨慕和驚訝的目光，他們可能認為你馬上就會得到提升。你感覺到一種滿足，於是誇耀和上司的密切關係成為你聊天時經常提到的話題，樂此不疲；而工作卻越來越不賣力，甚至經常出現紕漏。

所以，不要誇耀自己和上司的關係密切，否則，別人都會遠離你。因為——

1．你讓上司朋友左右為難，他會減少與你的交往，以避偏私之嫌。

2．升職時別人會認為你得到了照顧。

3．同事厭煩你這種誇耀的談話。

4．同事不再向你說真心話，以免被你傳給上司。

5．假如別人讓你向上司求情，你怎麼辦？

6．這樣做會影響你對工作的專注。

因此，為了你的明天，你應該把私人關係和工作關係分開——

1．你和上司關係密切，只是私人間的事情，在公司和公共場合不要隨便向他人提起。

2．專注於工作，為公司和發展出謀劃策才是你應該做的。

3．不能因為自己的願望得不到滿足而埋怨自己的上司朋友。

4．把你和上司的密切關係埋在心裡是你的明智之舉，既可以延續友誼，也才有利於雙方的工作。

7．珍視人際關係

我最近讀到一則報導：幾位教師向二千名雇主寄出一份問卷。調查的結果令這幾個教師驚訝不已。問卷的內容是：「請查閱你公司最近解僱的三名員工的資料，然後回答：你為什麼要他們離開？」

無論工種是什麼，地區在哪裡，有三分之二的答覆是：「他們是因為與別人相處不好而被解僱的。」

能成大事的商界人士都認識到其他人對他們的成功的重要性。美國某大鐵路公司前任總裁A・H・史密斯說：「鐵路的成分九十五％是人，五％是鐵。」他的話反映出了其他成功人士的共識，也為多項科學研究所證明。無論你幹哪一行，或從事何種職業或專業，學會處理人際關係，你也就在成功路上走了八十五％的路程，在個人幸福的路上走了九十九％的路程了。

最基本的一點是，人際關係可以助我們成功，也可以使我們失敗。我們與配偶的關係怎樣，決定著我們與子女的關係。我們的家庭關係則給我們與別人的關係定下了調子。我極少見到長久成功的人與配偶的關係是很糟糕的。

同樣道理，我們與同事、上司及雇員的關係是我們生意成敗的重要原因。除非一個人與別人有良好關係，否則任何技術知識與技能都不能使他得心應手，發揮自如。

如果你對此半信半疑，可以看如下的事實。

人們在對美國商界所做的領導能力調查中得到了證實——

1．管理人員的時間平均有三分之四花在處理人際關係上。
2．大部分公司的最大筆開支用在人力資源上。
3．任何公司最大筆，也是最重要的財富是人。
4．管理人員所定計畫能否執行，其關鍵是人。

總之，無論你的目標是什麼，選擇了什麼職業，如果你想獲得人生的成功，首先就必須學會與人搞好關係。搞好人際關係的本領其實不是什麼神祕的東西。善於與人打交道並不局限於生來就有某種魅力的人，雖則有些人確實天生有這方面的了不起的本領。對我們大多數人來說，與人保持良好關係的本領是後天學習得來的。

下面這些原則能助你獲得與人打交道的本領。

請運用這些原則來建立良好的人際關係——

1．**把注意力從你自己身上移開**　當你開始把注意力集中到別人身上時，建立良好的人際關係的可能性就大大增加。

2．**真誠關心別人**　人們知道你是否關心他們之後，才會在乎你是否了解他們。

3．**認真了解別人**　沒有什麼比得上了解和記住別人的情況更能產生積極的效果了。認真了解別人，是你關心別人的證明，這能創立一種良好而持久的關係。

4．**不要低估任何人的價值**　以積極期待的大度會見每一個人，預期每次打交道都能產生積極的結果。

5．**別占他人的便宜**　靠損害別人利益使自己得益，這貌似成功，但從長遠的觀點來看，是害人又害己。

6．**請別人提建議或給予幫助**　人們希望有機會展示自己的專長，喜歡那種因為自己有力量或權威幫助別人而產生的感覺。

7．**別忘了給朋友「捎點東西」**　最好的關係是雙方時常從對方得益的關係。

8．**要考慮到別人的感情**　如果你想跟別人建立成功的關係，就要考慮到別人的感情、要顧慮到別人的立場。

9．**留心為別人服務**　在流失的顧客當中，三個有兩個是不滿意他們所得到的服務，而非針對產品的優劣。

10．**善於傾聽別人的意見**　特別善於建立良好人際關係的人，有個共同特點，就是他們能認真傾聽別人談話。

11．**說話要調動別人的興趣**　要與別人建立關係，最佳方法是把注意力集中在對方的興趣上面，暫時把自己踩在腳下。

12．**使對方感到自己的重要**　世界上沒有別的東西比人更重要。

13．**說話前後一致，言而有信**　人們首先要相信你這個人，才會相信你的觀點以及你的產品。

14．**避免爭論**　互相討論問題是有益的，相反，爭論絕對沒有好處。

15．**要善於研究人**　要與別人建立良好的關係，最重要的只有一點：你必須好好研究人與人之間的各種人際關係。

8・重視溝通

你的婚姻、職業和人際關係成功與否，在很大程度上取決於你與人溝通的能力。《韋氏字典》關於「溝通」一詞的定義是：「通過談話、手勢或文字給予或交換信息、信號或口信。」這個定義把「溝通」的特點說成單方面的行動。事實並非這樣。溝通順利進行，雙方都要不停地發出和接收口頭及非口頭的信息。最成功的溝通會達到一個完全不同的境界，其中一方能體會到另一方當時的感覺，並接受這種感覺。

我可以舉個例子，說明溝通如果不是在兩個人之間互動的話，情況會怎樣。在美國貝爾電話實驗室，有個科學家進行通訊試驗，他找來一些人分成三組。每組的人由他指定，兩個兩個的傳遞信息。每兩個人得到一套骨牌，其中A的骨牌很有規律地排列，B的骨牌則是亂的。現在要求A告訴B怎麼把他手中的骨牌排成像A手中骨牌的順序。但每一組都有若干限制條件。

第一組：每兩人小組中的A可以對B說話，但B不許回答。實驗結束時，小組中的B無一人把排列順序搞對。

第二組：B也不能對A說話，但可以按電鈴示意A重複他的指示。實驗結束時，有些小組的B把順序搞對了。

第三組：各小組的A、B可以自由交談。實驗結束後，每個B都把順序搞對了。

每當兩個人試圖交流時，一連串事情就會發生。下面是人們說話時可能向對方送出的幾個信息——

1．說話人想說什麼？

2．說話人實際上說了什麼？

3．照對方理解，說話人說的是什麼？

4．聽話人想聽到什麼？

5．聽話人實際上聽到什麼？

人們所說的每一個句子或每組句子都會有上述的可能性，因此誤解的可能性是很大的。更有趣的是，聽話人同時也向說話人回送口頭或非口頭的信息，這些信息同樣可能被理解、誤解或沒被注意到。這個過程可能是極其複雜的。

尤利西斯·S·格蘭特將軍是美國內戰時期的英雄，後來當上美國總統。格蘭特深知試圖與人溝通往往會被誤解。他的辦公室外面總是有一名頭腦特別簡單的士兵值班。每當他要發布命令時，他先向這個士兵宣讀，如果這個士兵聽懂了，他的命令就照發。如果這名士兵聽不懂，他就回到辦公室把命令修改得簡單些、清楚些。

有些人有與人溝通的天賦，他們彷彿能夠有效地向任何人傳達任何信息。對另外一些人大來說，信息傳達出差錯彷彿是家常便飯。無論我們的溝通水平如何，都可以通過有意培養來提高。當你試圖與別人交流時，請牢記——

1．**閉嘴**　人們最常見的溝通困難是不懂得閉嘴，讓對方有足夠時間發言。

2．**使對方從容不迫**　當對方緊張時，你會發現，你很難與他溝通。他不能集中精神於你的話，被自己的害怕心理纏住了。他也不可能無拘無束地發言。

3．**讓對方知道你想聽他的意見**　消極反饋不利於溝通；積極反饋能促進和激勵雙方的溝通。所以你應該集中精神理解對方的話，而不是如何對他的話做出反應。

4．**提出問題**　在適合的情況下，提些問題可以獲得更多的信息，或澄清你不太清楚的觀點外，還可以表明你在傾聽。

5．**排除干擾因素**　你要盡力排除干擾因素，與別人交談時要專注，切不可亂寫亂畫、敲桌子或整理文件。

6．**要有耐心**　你的目標不僅是要聽明白他說話的內容，而且要讓他明白你尊重他以及對方所說的話。

7．**與對方產生感情共鳴**　如果我們設身處地地為別人著想，就不會一心一意想著要別人安分了。

8．**生氣時不要與人交談**　生氣時所說的話，過後往往後悔莫及。

9．**避免爭論及批評別人**　要時時樹立個人的形象，而不應用批評來毀壞別人的形象，不要踩在別人的身上墊高自己。

10．**回答問題要乾脆，然後再加以解釋。**

11．**提問之前提供一些必要的情況**　在提問題時，要大略交代一下背景情況，效

果會好得多。

12．**話，要說到點子上**　交談時間越短，效果越好。無論什麼方法，只要能避免會錯意就是好方法。

13．**所談事情的大小要表達清楚**　小事就是小事，大事就是大事，一定要說明白，以免讓人覺得含混不清。

14．**重複一次要點，把觀點說清楚**　許多人忽視了重複在一對一交談中的作用，但這確實可以成為一個明確表達的有效的方法。

15．**要儘量得到對方的回應**　要弄清你是否成功表述你的觀點，最佳方法就是得到對方的口頭回應。

16．**如果發覺對方有異議，一定要問清楚他的觀點**　有經驗的人明白，多說不是解決問題的辦法。

9．如何與壓力共舞

現代人面對的最嚴重問題之一是壓力。成功人士的人生似乎井井有條，但同樣會受與壓力有關的問題的困擾。要明白壓力在過去的一百年中在美國變得怎樣嚴重，只須看看這個事實：十九世紀末二十世紀初，美國的十大殺手全部是傳染病；而在二十世紀的九〇年代，十大殺手全部是跟壓力有關的疾病。

人們在其一生中不可能對付自己不明白的事物，所以要討論如何應付壓力，就要先觀察壓力。

說到壓力，問題不是「你是否遇到過壓力」，因為我們都會遇到這樣或那樣的壓力。問題是：「你受到什麼壓力的影響，這些壓力是怎樣影響你的？」

有些壓力，隨著你養成正確的思惟方式就能完全避免；另外的壓力則無可避免，你有必要學會怎樣對付。

人們說需要是發明之母。同樣道理，壓力可以稱為成就之母。壓力有時會把人的能力發揮到極致。壓力可以促使人找到更好更聰明的處事方式。也許「張力」或「緊

迫性」這兩個詞更適用於這類有益的壓力。

透過娛樂圈中某些人或運動員的一生，人們能特別清楚地看到壓力所產生的正面效果。例如有些演員，當他們受到壓力，當觀眾中有重要人物在座時，他們的表演會特別出色。運動員也是這樣。運動員在大場面的錦標賽或奧運會決賽時，他們的水準發揮得最好。對這種壓力，不同的人有不同的反應。有些人被壓力壓垮，但另一些人則藉以刷新了世界紀錄。

大多數人擔憂的事情太多了，這是不必要的。他們彷彿在自找造成壓力的東西。經專家統計，引起緊張的十個問題中，真正值得擔憂的問題平均還不到一個。

我們說過，壓力有時起著積極的推動作用，但壓力也可以把人壓垮。美國約翰・霍布金斯醫院的G・坎比・羅賓遜醫生曾做過研究、他發現在一七四名住院病人中，有一四〇人有事沒事地擔憂。他又發現這些人當中有一半人的症狀是由壓力引起的。

持續的壓力會造成緊張過度。塞爾耶醫生解釋說，人體對壓力的反應分為三個階段：警覺、抗拒和力竭。他是這樣描述這三個階段的：

在第一——警覺階段，人體注意到壓力源，準備與之對抗或迴避。這由內分泌腺釋放出荷爾蒙來實現。這些荷爾蒙引起心跳呼吸加快，血糖升高，出汗，瞳孔擴大，消化減慢。接下去，由你決定是利用這股爆發性的能量去鬥爭還是逃跑。

在第二——對抗階段，人體自行克服壓力造成的損害。但是，如果壓力源沒有消失，人體就不能克服所受的損害而要保持高度警惕。

這樣，你就進入第三——力竭階段。如果這種狀態持續下去，你可能會得「壓力病」，例如：偏頭痛、心律失常，甚至神經系統障礙。在力竭階段繼續受到壓力的話，人體會精疲力盡，甚至有些功能會停止。

從塞爾耶醫生的研究結果你可以看出，壓力是百病之源，對付壓力的最佳方法是避免或盡快減輕壓力。

壞消息是，這個世界上給我們的壓力太多了；好消息是，我們能夠學會有效地來對付壓力以及成功的處理壓力——

1．養成正確的視角　能避免壓力的人有個共同的特點，就是他們不管在什麼情況下都能保持一種正確的視角。這樣一來，他們就可以看出事情的真相，而並不是像人們所說的那麼嚴重。

2．**不要躲避風險**　凡事做最好的打算，你十之八九會如願。

3．**在自己的強項上努力**　隨著年歲增長，應該向自己的特長方面努力。這樣你較能避免壓力，獲得成功。

4．**避免自傷**　努力工作，鼓足幹勁，爭取達到自己的目標。但要注意，不要讓家庭、你自己的健康和你的朋友為此付出代價。

5．**從超負荷的道路上脫身**　有時，為了能做最好的事情，你要放棄一些事情。

6．**樹立堅強信念**　信念使人有勇氣、有尊嚴地應付人生的一切境遇。

7．**放棄你的部分權利**　給予能帶來巨大歡樂，也能大大減少壓力。

8．**調整你的心態**　大部分的感情困擾都是人們的思惟方式的產物。

9．**把注意力轉向自身之外的人和事**　找個人談談。醫生常說，長年累月把感情埋在心裡，從不外露的人，最容易患病。

10．**找出減輕壓力的有趣方法**　用什麼方法並不重要，重要的是走出室外活動活動，選擇你最喜歡的方式，而且一定要是有趣的。

心理學家阿德勒認為，人天生就有對權力的需求。他引述了哲學家尼采的概念，尼采認為「權力」是把我們推向奮鬥的一大驅力，當這股需要與其他需求達到正常的平衡時，就會表現出一種「有效動機」。

但是，人生光有動機是不行的，重要的是行動。美國著名作家希爾・弗斯坦寫了《失落的一角》的故事。

從前有一個三角形，像是被人拋棄般躲在一個角落裡，它終日鬱鬱悶悶地躺在那裡，等著別人來跟它合併，彌補它的棱角，好讓它能繼續地朝前滾動。

就這樣一天一天的過去了，它望穿秋水也等不到這樣的形體到來。

有一天，它看到一個大圓向它滾來，它向大圓訴苦：「你可憐可憐我吧！你就是我日夜所期盼的啊！我一定是你失落的一角吧！」

大圓笑著說：「我本身就很圓滿啊！從沒失落什麼角！」

失落的一角求著說：「讓我和你融為一體吧！帶我走吧！」

大圓很無奈地道：「我真的容不下你啊！你為什麼不自己走呢？」

失落的一角說：「我自己不會走，因為我無法滾動啊！」

大圓說：「誰說的，我也不是天生就圓滿。以前我也跟你一樣，有稜有角的。請問：你努力過了嗎？」

失落的一角說：「我也曾努力過啊！可是我一動就會摔倒。」

大圓專注地說：「努力不一定會成功！」然後停了下來，再繼續語重深長地說道：「但是成功卻永遠需要努力！」

大圓滾著離開了。留下失落的一角獨自深思。

失落的一角開始嘗試著滾動。它一爬起來就會馬上摔倒在地，於是它咬緊牙根，一次次地爬起，也一次次地摔倒。在爬起與摔倒之間，它的稜角漸漸被磨圓了，也終於開始能往前滾動了。

於是，失落的一角變成了一個小圓，可以往前滾動了。

人的一生也是充滿了挫折。跌倒了再爬起來，才能臻於成熟。成長的路程是艱辛的，看見別人的圓滿，往往會忽略別人的艱辛奮鬥，那些意氣風發的人，也都曾是那失落的一角！

所以，光有動機是不夠的，重要的是必須勇敢地前進，並在前進中獲得主導權，並接受挑戰！

你和所有的人一樣，工作中難免會出現一些錯誤，甚至是令人發笑的低級錯誤。有了失誤，你採取的做法是：推三擋四，為失敗的做法找出許多的理由。情急之下，還會故意把矛頭引向別人，讓他人來承擔這一切。

大家不歡而散，上司默默地離開，你覺得你終於躲過了一劫。此後，一旦出現類似的情況，你就毫不猶豫地拒絕承認。時間一久，你「死不承認錯」的可憎面孔，深深地留在了同事的腦海裡。

這樣做是極其愚蠢的，因為——

1・錯誤遮掩不住，誰都明白。

2・你這樣做並不能消除錯誤帶來的影響。

3・遇到類似的事，你可能還會犯下同樣的錯誤。

4・同事對你的印象會變壞，因而不再與你交往。

5・你的精力用在遮掩錯誤上，工作能力不會提高。

6・上司不敢再委派你重要的任務。

因此，為了你的明天，你應該勇敢地面對錯誤，消除不利影響——

1・既然錯誤已經出現，你就應該勇敢地去面對，立即行動，消除不利影響。

2・虛心請教，主動承擔責任。

3・沒有人會因為一點錯誤而懷疑你的工作能力。

4・如果是交往中的不當，你要盡快向當事人道歉。

5・積極學一些交際方面的知識。

6・不在同一個地方摔跤，才是聰明的做法。

第5章

我是最受歡迎的人物

出門在外，形象代表一切。
男人要像個男人，女人要像個女人。
美麗比不上魅力，
魅力最具說服力！

1．你的魅力在哪裏？

所謂「魅力」，就是這麼一種能力，它是由你的個性所決定的，通過在你的行為與他人的接觸交往，而產生對他人產生積極的影響。

有這麼一些人，他們總能以自己滿腔的熱情深深打動別人。很多人無論在理智上還是在情感上，都會被他們吸引，而且這種吸引是那樣心甘情願，以至會在不知不覺中去為實現他們的目標而效力。

你對別人可以抱著不以貌取人的原則。但你無法阻止別人對你「以貌取人」。在競爭激烈的現代社會，你為什麼不利用一切有利條件來使自己在競爭中佔有更大優勢呢？而且穿著得體，也是對別人的尊重。

在當今越來越複雜的、生活節奏越來越快的社會，人們恐怕來不及花時間去認真地、深入地了解一個人，就根據一個人的外表而產生對某人的印象。所以為了更好地適應現實，給與你交往的人留下更好的印象，你應該花一定的精力在自己的外貌上。雖然更要重視內在的實力，但如果你富有外在魅力，也會對你的事業有所助益。

聽說在唐朝任用官吏的原則是，在考試後還必須具備「身、言、書、判」四個條件才能在朝任官。「身」是指身體上的條件，「言」是指談吐，「書」是指文筆，「判」是指下判決書的能力。但從「身」置於四大要素之首，便可知，容貌為唐朝委任官員的重要條件。當今公務員的選拔對外貌也有一定的要求，也是同樣道理。

在美國曾對留絡腮鬍、山羊鬍、短髭（鼻下唇上之間）等男性的印象，和每天剃鬍子的男性作比較，調查結果發現留有鬍子的男性得到「有男人味、成熟、美觀、有權力、有自信、勇敢、度量大」等佳評。

林肯在總統大選期間，收到一位住在中西部的少女寫的一封信，內容如下：「你的演講的確令人感動。但是，你那股言辭尖銳的評論氣氛過於強烈。如果能帶點像父親和家人談天的輕鬆氣氛，我相信一定能得到更多人的支持。而且我建議你，不妨留點鬍子，這樣也許能改善那種嚴肅的氣氛。」

就從小女孩的忠告開始，林肯留起了鬍子。果然那鬍子削弱了不少尖銳的氣氛。蘇聯的史達林是位身材矮小的領袖，因此，他為了更受人注意，就以蓄鬍子來增加容貌上的特徵。

根據心理學家的研究，外在的魅力確實與人際關係有莫大的影響力。外在魅力十足的人，容易讓人產生「事業心強、辦事牢靠、和藹可親、有遠見、有自信、意志堅強、性情開朗、認真直率、城府不深、容易溝通」等好感。而民眾很容易支持有外在魅力者的意見，對有外在魅力者所提出的報告也有高評價。

如果領導者具有外在的魅力，必然會帶給人親切和有能力的感覺，也容易被認為具有優良的品行，那麼在說服或交涉之際必占有利的地位——唐朝那年代注重容貌的理由就在於此。

如果你是位俊男或美女，不妨將你的外在魅力展現在商談或說服的工作上，切勿讓它像被遮住光芒的鑽石。

你不妨費點心思好好研究如何才能給予別人良好的印象。到底哪些因素是別人注意的外在魅力？首先容貌就不說了，因為那是天生的，後天無法改變的。那就說說你自己所能左右的方面，這主要包括服裝和姿容。

先說說服裝。俗話說：「人要衣裝，佛要金裝。」即使是同一個人，因服裝的關係而給予別人的感覺也有相當的差異。有學者做了這樣一個有趣的實驗：讓實驗者故意放置一枚銅板在公共電話機上，然後觀察下一位入電話亭者可能產生的行動。結果發現，穿襯衫打領帶、服裝整齊的男士會把銅板放回原處的比率較穿著隨便者高。

以女性做實驗，所得到的結果情形也是一樣。再以穿越人行道遇紅燈的情況做實驗，結果也發現，穿襯衫打領帶和穿了外套的男性，雖然有闖越的情況，但比穿著隨便者少很多。

以上所舉的例子體現出，服裝整齊的人比較容易帶給別人信賴和威嚴感。因此，如果想要把握某人的情緒，除了按照規則行事外，適當的穿著也是不可或缺的條件。

再說說姿容。根據心理學家所做的問卷調查結果，從姿容上能夠提高個人魅力的主要因素有：秀麗的頭髮、潔白整齊的牙齒、沒有口臭、懂得咳嗽時應有的禮貌、具有關懷的眼神、清爽的髮型、優雅的舉止等要項，這也是大部分男女所共認的條件。

外在魅力除了身體上的特徵外，優美的舉止也很重要。對於戴眼鏡的人來說，不論是男是女，都很容易被認為是有智慧、肯努力的象徵。對於擦口紅和不擦口紅的女性作比較的話，後者較易被視為「穩重、有內涵、誠實」的象徵。

另外，儀表整潔莊重，也顯出對別人的尊重。起碼讓人家的眼睛看著舒服，也顯出你比較重視會面的人。就像家裏來客人，怎麼也要收拾一下，使屋子整潔一些吧，否則就是不在乎別人的表現。

總之，外在的東西你也不應忽視。一位哲人說過：「我們不僅應有美好的心靈，還應有美麗的外表。」先天的條件即使無法改變，後天你總可以努力使自己穿著打扮更加得體一些，這樣對你的事業甚至婚姻都會產生有利的影響。

個性魅力包括以下幾個要素——

1．**無聲語言**——無聲語言是一種信號，是你在不知不覺中向周圍人發出的，一個眼神，說話時看鞋的動作，聳動肩膀的樣子，或者是一個不自然的笑容，一次不熱情的握手，甚至是穿衣不甚得體。所有這些都會形成你的無聲語言，也即你的形象。

2．**表達能力**——也許你有很不錯的想法，但是，如果不把它說出來，又有誰會知道呢？如果你不把它恰當地說出來，又有誰會贊同呢？

3．**聆聽技巧**——對於那些沒有受過很多教育或訓練的人來說，多聽也是一把交流的鑰匙，它同樣會使人覺得耳目一新。

4．**說服技能**——這是一項鼓勵人們接受你的領導或採納你的意見的技巧。一個再正確再偉大的觀點，如果不被認同、不被採納，也無濟於事。

5．**適應他人的能力**——不了解他人的風格，卻又想與之交往，這是不可能的。所以，為了建立良好的人際關係，努力提高你的行為的適應性。

6．**重要見識**——也許你是一個強而有力的雄辯者，也許你在建立人際關係上有很大的能耐，也許你在形象、聆聽和利用天時地利方面做得很出色，但如果你沒有內在的實力和資本，你始終是一個空架子。

可見，個人性格魅力並不是由某個單一因素構成的，事實上，一個人之所以有魅力，正是由於他有著這麼一系列聯成一體的技巧和方法。

怎樣提升自己的魅力指數，有以下四種方法——

一、拍攝和記錄自己的活動

把自己的活動拍攝下來，仔細研究你的面部表情、肢體語言及其代表的含義，並學習如何表達它。同時，利用角色扮演的遊戲，學習在各種社交場合都能收放自如。

二、參加各種訓練魅力的社團

年輕人可考慮多參加「戲劇社」，學習更好的自我表達方法；或是「攝影社」，學習更準確地捕捉表情；或是「心理成長研習班」，學習更自然地分享自己，並扮演各種角色和了解他人的角色。

三、進行魅力培訓

想要有魅力的人，一定要去接受訓練以培養魅力。以下是具體建議：

魅力的培養需要當事者不斷地自我反省和改進，以期能持續和全心地投入。

投入時間、精力去克服激發魅力的阻礙。

逐步改善，把小缺點都改善，就像是刮掉污垢，漸漸磨光，自然潔白如新。

記錄優缺點，配合差異來修正。

分析檢討各階段的修正狀況。

唯有狂熱的心志，才可丟掉以往有缺失的自我表現方式，並以自己的熱情交到更多的好朋友。

四、觀察和學習有魅力的人

有魅力的人，總是能一開口，就引人入勝，使人傾聽。他們善於運用簡潔誠懇的語言與人交談，即使聲調平和，一樣動人心弦。無論在什麼地方，他們都有強烈的社交敏感度，會盡力了解團體互動的規則，以易於以讓人接受的方式與人相處。他們會有良好的社交控制力，能夠兼顧情、理、法，表現合宜的行為。

魅力是建立自信的來源。想讓自己「有魅力」，其實並不難，只要勤加練習、逐步累積，魅力不但會使自己更快樂，也容易贏得他人的喜歡。

2．不愧當「美女」

人際吸引的第一要素是外在的吸引力。人們對於外貌較具吸引力的人存有深刻印象，認為他們在其他方面的表現也較佳，會覺得漂亮的人較活潑、開朗、善良、聰明、可愛、好相處、討人喜歡。

社會心理學的研究還表明，外貌魅力會引發明顯的暈輪效應，使人們在心理上對美貌的人在其他方面的能力，也傾向於做出更為積極的評價。梅拉賓．艾伯特等人通過研究，對於影響人與人之間的交往提出「7／38／55」定律：

人與人之間的溝通交往取決於視覺、聲音和語言，人們對於一個人的看法有高達55％的比重取決於視覺的成分，也就是外表；有38％取決於聲音的部分，輔助表達這些話的方法，也就是口氣、手勢等；只有7％取決於語言，也就是談話的內容。

此研究顯示，外在的吸引力的確是人與人之間交往的重要因素，尤其是陌生人見面時，對於彼此的第一印象外貌往往佔據重要的地位，成為篩選的第一關。

容貌是儀表的近處形象和微觀形象，常常是人們見面時的第一感覺，在社交場合，大家都憑容貌來記人。因此，容貌如何，成了第一印象的主要內容，而第一印象先入為主的「首因效果」還會在相當長的時間內起作用。

雖然容貌受先天的遺傳因素作用，但是仍然可以進行修飾和美化；並且容貌與社交禮儀密切相關。修飾容貌既是尊重自己又是尊重別人的表現，體現了一個人對待生活和工作的態度，給人以積極、生機勃勃的印象。只有乞丐和瘋子才會披頭散髮、滿面污垢，所有的正常人都會對自己容貌有一個起碼的要求，要對得起自己，對得起別人，不失禮儀。

修飾容貌，實際上是借著化妝的修飾，令對方覺得賞心悅目，而對方回饋回來的資訊又使自己對自己產生自信，由內而外散發出迷人的光彩。

一、容貌的修飾最主要一點是：體現本色

體現本色並不是不化妝，而是提倡化淡妝、提倡化妝不改本色，不「喧賓奪主」。適當的淡妝點綴是完全必要的、有效的。

當然，有一些場合也還是需要濃妝豔抹的。如果參加舞會、晚會、婚禮，或者其

他什麼慶典活動，濃妝豔抹一些，就會讓人覺得喜慶、隆重、歡快，不化妝反而顯得不合時宜。但在個別交際場合，仍不宜濃妝豔抹、大紅大紫。

首先，人為拉開了交際雙方的距離，使對方覺得這位女性是戲裏的角色，可望而不可即，無形中盛妝成了一層厚厚的「障壁」，成了交際的障礙。其次，不分場合的濃妝豔抹，往往給人一種缺少自信的感覺（有時反會為對方帶來嫌惡感）。想借盛裝來突出自己，強化別人對自己的注意力。

其實女人過高地估計了漂亮臉蛋在別人心目中的作用。一般而言，除了漂亮之外一無所有的女人，是不會使人真正喜歡的，生活中一般化的女子比比皆是，她們常常比漂亮的女人更受人喜歡，就是因為她們擁有漂亮以外的許多寶貴的東西。

所以，聰明女人的打扮往往淡而不露痕跡，正猶如形容好的文章那樣「不著一字，盡得風流。」不合時宜的濃妝豔抹，會給人一種層次、品味不高的感覺。而交際時給人這樣一種感覺，交際的成功率就會受到影響。

二、給精神「化妝」

明智的女性，不僅僅只用一些好的化妝品來裝飾自己，她們更充分認識到了培養氣質的重要性，將心思用在培養內涵、氣質和成熟方面上，其中，微笑就是她們採用的一種化妝手段。

微笑，不僅能夠傳達感情，表達語言無法表達的東西，而且能美容。微笑可以使人感覺你溫柔可親，平易近人，即使你不是特別漂亮，也會因為你的微笑表現出來的可愛，而使你更加美麗。這是許多女孩使用「精神化妝」的體會。

美容專家對「精神化妝法」也深有體會，「保持適度的微笑，可讓人感覺你年輕，青春煥發，不必擔心笑會使你臉上增加不光彩的皺紋。」

「回眸一笑百媚生」和「笑一笑，十年少」，這些話雖然有點誇張，但笑確實能為你增添姿色。

三、再沮喪也不灰頭土臉

不少人有個特點：在事情順利、心情舒暢時，特別願意精心修飾打扮自己，可在遇到不如意而精神沮喪的時候，就沒有心思注意服飾，衣著隨便甚至邋遢，致使整個人看上去格外無精打采。

當一個人精神沮喪時，若再不修邊幅、灰頭土臉的，就會使旁人輕視你，同時更加重自己心境的惡劣，易造成「破罐子破摔」的惡性循環，實不足取。而在逆境時，注意把自己修飾得整潔漂亮，會大大增強自信心，消解心中的鬱悶，使自己早日恢復平常心態，也能給旁人帶來好感，使事情向好的方向發展。

一個氣質出眾的人總是能更多地被人注意，為人欣賞，甚至各種機會也會更加垂青於他的身上。

影后張曼玉40歲那年。據調查，她是從25歲到60歲的男人心目中一致認可的最美麗、最優雅的女人。她就像一件精美的藝術品，從任何角度看都近乎完美。在電視廣告中，張曼玉淡妝出場，從容自信，散發出非凡的高貴氣息，成為「自然、優雅」的代名詞。在眾多明星中，她雖然稱不上傾國傾城，但神情中卻傳達了那些美女所欠缺的東西。人們說那是因為她有著超凡脫俗的氣質，一種任時光去雕刻的獨特魅力。

人們把「氣質」看作是一個褒義詞，對它的了解通常是一個混沌的概念。所以常常這麼評價：某人有氣質，某人沒氣質。一個沒氣質的人意味著缺少內涵，一個有氣質的人即便混跡於芸芸眾生之中，也是鶴立雞群，綽約的風姿自會超然於眾人之上。

比如，大家一致公認小琳是辦公室裏最漂亮的女人，皮膚白皙光滑，標準的鵝蛋臉型和雙眼皮的大眼睛比例協調，然而，小琳精緻的臉總讓人感覺好像缺少了什麼，那是什麼呢？卻又說不清楚。有人說她的眼睛大而無神，有人說她的表情太平淡，有人說她的漂亮讓人一覽無遺反而沒味道了，總之看一陣就審美疲勞了。

相比之下，小優雖然不算美女，眼睛小了點，嘴大了點，卻透著一股靈慧聰敏，尤其是抬頭看你的時候雙眸炯炯有神，眉宇之間有種脫穎而出的東西，會讓人剎那間走神。於是大家評價說小琳很漂亮卻沒氣質，小優不漂亮卻很有氣質。

可見，一個人具備什麼樣的氣質，對其精神面貌有很大的影響。那麼，我們要從哪些方面入手打造自己的優雅氣質呢？

1．**修煉內心**　氣質美首先表現在豐富的內心世界。理想則是內心豐富的一個重要方面。因為理想是人生的動力和目標，沒有理想和追求，內心空虛貧乏，是談不上氣質美的。品德是氣質美的又一重要方面，為人誠懇、心地善良是不可缺少的。文化水準在一定程度上影響著家庭生活的氣氛和後代的成長。此外還要胸襟廣闊。

2．**注意舉止**　氣質美還表現在舉止上，一舉手、一投足，走路的步態，待人接物的風度，皆屬此列。朋友初交，互相打量，立刻產生好的印象。這個好感除了源自言談之外，就是舉止了。要熱情而不輕浮，大方而不造作。

3．**完善性格**　氣質美還表現在性格上。這就是要注意自己的涵養，要忌怒、忌狂，能忍讓，體貼人。溫柔並非沉默，更不是逆來世界、毫無主見，相反，開朗的性格往往透露出天真爛漫的氣息，更能表現內在的世界，而富有感情的人則更能引起大家的共鳴。

4．**培養高雅的興趣**　高雅的興趣也是氣質美的一種表現：愛好文學並有一定的表達能力，欣賞音樂且有較好的樂感，喜歡美術並有基本的色彩感等等。

有許多人並不是大美人，但在他們身上卻流露著奪目的氣質美，如工作的認真、執著，聰慧、灑脫、敏銳，精明、幹練。這是真正的美，和諧統一的美。

追求美而不褻瀆美，這就要求我們每一個熱愛美、追求美的人都要從生活中悟出美的真諦，把美的形貌與美的氣質、美的德行結合起來。只有這樣，才是真正的美。

3．做個優雅紳士

凡注重儀容修飾的男性，不論在工作上、生活上，往往都會由於這種良好習慣而受益不淺，英俊的形象總會博得人們的好感。因此，想成為一個風采出眾的男士首先要注意肌膚的健康光潔。要做一個有品位的男人，就要為自己的面子負起責任。

男士在進行面部護理時，可根據自身皮膚的情況選擇適當的化妝品。一般選用護膚類化妝品和營養化妝品，以保護和營養肌膚。同時，男士一般選用修飾性化妝品。

男士的化妝品大致有香水、鬚後水、剃鬚膏、養髮水、潤膚乳液、營養霜等。

1．**潔面**　男士由於皮膚多油性、毛孔粗大，一般選用泡沫豐富的潔面品，徹底洗淨面部。男性的皮脂分泌與年齡無關，始終易油膩，所以男性選擇護膚品宜選擇能防止肌膚乾燥缺水和粗糙、滑爽滋潤但無油膩感的乳液。

2．**打理鬍鬚**　在使用刀片濕式刮鬍時，先將臉洗淨，以防細菌侵入，之後用熱毛巾敷面使皮膚的角質層軟化。剃鬚時選用質地溫和的剃鬚膏，以減緩刀片對面部皮膚的摩擦。剃鬚後一定要塗鬚後水或鬚後乳，調理、鎮靜緊張的肌膚，使其恢復生機、充滿活力。

3．**護唇**　男人塗唇膏主要是為保護嘴唇不至於乾裂。尤其在冬天，青紫色的嘴唇會使你即使保養很好的面部也大打折扣，所以應使用唇膏。如果嘴唇裂得很厲害，可在晚上睡前塗上唇膏，再蓋上紗布或口罩，第二天早上除去紗布和口罩，乾裂的情況就會消失。男性使用的唇膏當然無需顏色鮮豔，可用淺色或無色的。

4．**面膜護理**　無色略帶香味的透明膠質液體，具有促進皮膚血液循環、新陳代謝和吸收的功效，還可防止水分蒸發、膨潤角質層，減少皺紋的產生，還男人以清潔的面容。

5·護髮養髮　選擇具有殺菌、消毒、止癢的養髮水，兼有養髮、護髮作用。慕絲賦予頭髮光澤和造型感，用慕絲時應注意在頭髮乾燥時使用。

6·男士香水的使用　男士化妝品或男士香水的香型都應以木香、清香、煙香為主，這些香型給人一種莊重的感覺，可體現男子漢的魅力，男士使用香水的部位與女性有所不同，應擦在手腕、胸部、手肘內側等體溫較高的部位。

除了日常的皮膚基本護理外，生活規律和合理飲食等也有利於皮膚的保養。定期去美容院，請專業人士為他徹底清潔、按摩皮膚，可使皮膚表層的衰老細胞及時脫落，促進面部血液循環，改善皮膚的呼吸，利用皮脂腺及汗腺的分泌增加皮膚營養，提高皮膚深層細胞的活力，從而使皮膚光澤而有彈性。

有粗大毛孔、油性皮膚和暗瘡滋生狀況的男士，要避免吃油膩及煎炸的食物，辛辣食物也要遠離。多吃抗氧化食物可以使皮膚增加結實感及彈性，如青椒、花椰菜、番茄、木瓜、柳丁、奇異果、檸檬、葡萄柚、小麥胚芽、植物油、各種堅果。

睡眠不足會造成皮膚失去鮮亮的光澤，也會使皮膚的細胞迅速老化，加速皮膚皺紋的出現。白天皮膚從事著排出廢物的工作，夜晚進行補充營養和自身修復，這種工作在晚上11點至清晨5點最為旺盛。所以，早睡早起不僅可消除全身疲勞，也能使皮膚更健美，更是養生之道。

〔男士護膚的注意事項〕

1．**要會選擇保養品**——不要使用含有動物油、礦物油的保養品，更不要用營養霜或乳液塗抹整張臉。因為大部分有粉刺的人T字部位都較油膩。

2．**良好飲餐習慣**——日常的飲食習慣要以「少油、少糖、少熱量、少刺激」為主要原則。少吃油炸食品、奶油蛋糕、巧克力等。

3．**作好防曬工作**——因為紫外線也是一個使粉刺惡化的主要原因。

4．**保證睡眠、釋放壓力**——情緒緊張、睡眠不夠，會引起新陳代謝的紊亂，也是皮膚的大敵。

5・了解衛生常識——不要用未經清潔的手摸臉，這會使原來的粉刺惡化，也會連帶影響附近的皮膚被細菌感染發炎。

一個有魅力的男人，從外部一眼就能看出其不同之處。因為他的舉止體現了他的氣質和內涵，昭示了他的人品和素質。

一、男人的標準站姿

身體直立挺胸抬頭、下頜微收、雙目平視、兩膝並嚴、腳跟靠緊，腳掌分開呈「V」字形，挺髖立腰，吸腹收臀，雙手置於身體兩側自然下垂。或者兩腿分開，兩腳平行，不超過肩寬，雙手在身後交叉，右手搭在左手上，貼在臀部。

站立時不要躬腰駝背或挺肚後仰，也不要東倒西歪地將身體倚在其他物體上，兩手不要插在褲袋裏或叉在腰間，也不要抱臂於胸前。

二、男人的標準坐姿

1．**雙腿垂直式**　這種姿勢又稱正襟危坐式，是基本的坐姿，適用於最正規的場合。它的要求是：上身與大腿、大腿與小腿都需要形成直角，並使小腿與地面垂直。雙膝、雙腳包括兩腳跟部，都要完全地併攏。

2．**垂腿開膝式**　主要要求是上身與大腿、大腿與小腿均應形成直角，小腿亦須垂直於地面。允許雙膝稍許分開，但不得超過本人的肩寬。

3．**大腿疊放式**　常用於非正式場合。它要求雙腿在大腿部分疊放在一起。疊放之後，位於下方的小腿應垂直於地面，並且腳掌著地；位於上方那條腿的小腿則應向內收，其腳尖宜朝向地面。

4．**雙腳交叉式**　它要求先將雙腿併攏，然後雙腳在踝部進行交叉。應當注意的是，交叉以後雙腳既可以內收，也可以斜放，但是不宜朝著前方遠遠地直伸出去。

三、男人的標準行姿

1．**「行如風」**　起步時，上身略向前傾，身體的重心落在前腳掌上。行走時，雙肩平穩，目光平視，下頷微收，面帶微笑。手臂伸直放鬆，手指自然彎曲。擺動時，以肩關節為軸，上臂帶動前臂，前後自然擺動，擺幅以30°～35°為宜。

2．**步幅適當**　一般應為前腳的腳跟與後腳的腳跟相距一腳長。跨出的步子應是全腳掌著地，膝和腳腕不僵直，行走足跡在一條直線上。男人的行步速度，一般是每分鐘118～120步。

4．穿出你的風采

別人要獲悉你是怎樣一個人，首先注意的就是你的儀表，而我們想要留給對方美好的印象，首先也要從儀表開始。

儀表是指人的外表，包括人的容貌、姿態、服飾和個人衛生等方面，它是人精神面貌的外觀。對儀表的總體要求是：樸實自然、整潔大方、莊重親切、給人好感。

整潔並不完全為了自己，更是尊重他人的需要。社會心理學家認為，在公眾場合，人總是趨近衣著整潔、儀表大方的人，或衣著略優於自己的人。這種行為，在日常生活中也常見到，沒有人願意同一個不修邊幅、骯髒邋遢的人在一起。

如果你見到一個人衣著整齊、合體入時，表情自然，則會認為此人做事細心，有條有理，進而會想，這個人一定有責任心，你就必然會在心裏產生最初的滿意的感覺，並且還會聯想到其人會有這樣、那樣的能力。倘若一個人給你的最初形象是衣冠不整，嘴巴裏還罵罵咧咧，你定然會作出其不能信任的結論，甚至還會聯想到此人的其他缺點。

著名哲學家笛卡兒曾說過，最美的服裝，應該是「一種恰到好處的協調和適中」的服裝。不恰當的衣著，會引起人們的反感，給人留下不好的第一印象。比如，一位教師如果以「西部牛仔」或「伴舞女郎」的打扮走上講臺，肯定不會受到學生的尊敬，即使課講得再好，水準再高，也難以改變這一狀況。

另外，「愛美之心，人皆有之。」美觀得體的衣著，往往首先給人以悅目的感受，讓人產生與他繼續交往的願望。「先敬羅衣後敬人」這一古語雖說從道德上講有所欠缺，但它畢竟是一個你無法改變的現實的社會觀念。其實這也是「情有可原」的，因為對方要了解你的「內在美」還要經過一段時間，而體現一個人的個性的衣著卻讓人一目瞭然，留下一個直觀的印象。

恰當的著裝，並不是說一定要穿上華貴的衣服，事實上正好相反。一味追求華貴，反而給人以庸俗的印象，關鍵是要整潔大方，能體現人的內在素質。美國有許多大公司對所屬雇員的著裝都有「規定」，而它並不是說要穿得怎麼好看或衣料質地的好壞，關鍵是要符合審美的要求。

服飾要做到兩和諧：一是服飾與人的身體、相貌、年齡、性格等因素和諧；二是服飾與環境、職業等的和諧。

一、服飾應該適合年齡和身分

人的衣著服飾是同一個人的地位、身分和修養連在一起的。為獲得良好的初次印

象，穿著上一定要注意與身分、年齡相符。不同的年齡應有不同的穿著打扮。老者穿一身深色的唐裝，透著沉著、穩重、端莊、成熟，而年輕人要也是這身打扮，就會顯得老氣橫秋、暮氣沉沉。

年輕女性在社交場合穿黃色、淺綠色絲綢夾克，讓人感到朝氣蓬勃，但穿在老年女士身上就不大適宜。不同的身分也應該有不同的著裝。一個電影明星打扮得妖豔一點，人們會覺得比較正常，但一個中學生塗脂抹粉、穿著妖豔就會被認為不合身分了。因此，平時要注意穿著得體、整潔，盡力為自己給人的第一印象加分。

二、服飾應該適合形體

人有高矮之分，體形有胖瘦之別，膚色有黑白之差。因此，穿著打扮，就得因人而異，並注意揚長避短。例如，人瘦不要穿黑衣裳，人胖不要穿白衣裳；腳長的女人一定要穿黑鞋子，腳短的一定要穿白鞋子；方格子的衣裳胖人不能穿，但比橫格子的還好；橫格子的，胖人穿上，就把胖人更往兩邊裂，顯得更橫寬了，胖子要穿豎條子的，豎的把人顯得長，橫的把人顯得寬。

三、服飾應該適合時間氣候

到什麼季節換什麼衣服。尤其是在正式場合，更需注意。也許你新買的是三重保暖襯衣，在寒冬季節穿上它，一點寒意也感覺不到。即使這樣，你在嚴肅的場合，也得穿上西服；否則，別人會覺得你有毛病。反之，在初冬，你再感覺冷，也別穿著羽絨服、棉大衣去與人見面，你寧可在西服裏多穿一件毛衣。

要遵守不同時段著裝的規則。這對女士尤其重要。男士出席各類活動有一套質地上乘的深色西裝或唐裝足夠了，而女士的著裝則要隨一天時間的變化而變換。出席白天活動時，女士一般可著職業正裝，而出席晚上5點到7點的雞尾酒會就須多加一些修飾，如換一雙高跟鞋，戴上有光澤的佩飾，圍一條漂亮的絲巾。出席晚上7點以後的正式晚宴等，則應穿傳統旗袍或西方的晚禮服——長裙。

四、服飾應該適合場合

服飾應該與環境協調，穿衣打扮要適合場合，你不能穿牛仔褲、襯衫去參加宴會，無論穿戴多麼亮麗，如果不考慮場合，也會被人恥笑。如果大家都穿便裝，你卻穿禮服就欠妥當。在正式的場合以及參加公私儀式時，要顧及傳統和習慣，順應各國一般的風俗。去教堂或寺廟等場所，不能穿過露或過短的服裝，而聽音樂會或看芭蕾舞，則應按當地習俗著正裝。國際上穿衣講究TPO，T是時間——time，P是地點——place，O是內容——object。就是說穿衣打扮要注意場合，分清地點。從時間上說，白天服裝應素雅，晚上服裝則可豔麗。從地點上說，工作場所服裝要規範，非工作場所服裝可以隨便一些。從內容上說，喜慶活動服裝要歡樂一些，哀悼活動服裝要肅穆一些，深入基層服裝要輕便一些，隆重儀式服裝要正規一些。

在與人初次交往時，一定要注意避免以下這些不恰當的著裝——

1．過分的時髦　熱愛流行的時裝是很正常的現象，即使你不去刻意追求流行，流行也會左右著你。有些女性幾近盲目地追求時髦。例如，有個女孩去一家公司應聘祕書，在指甲上同時塗了幾種顏色鮮豔的指甲油，當她打字或與人交談時，都給人一種厭惡的壓迫感，一個成功的職業女性對於流行的選擇必須有正確的判斷力，要切記：在辦公室裏，主要是表現工作能力而非趕時髦能力。

2．過分暴露型　夏天的時候，女性一定要注重自己的身分，不能因為天氣太熱，而穿起頗為性感的服裝去求職面試或是與人第一次約會，抑或是出現在辦公室，這樣你的才能和智慧便會被埋沒，可能給人留下——你只不過是個「花瓶」的印象，甚至還會被看成輕浮。因此，再熱的天氣，也應注意自己儀表的整潔、大方。

3．過分正式型　太過正式的服裝往往給人以死板嚴肅的感覺，很容易讓別人對你有誤解，產生不良印象。

4．過分可愛型　在服裝市場上有許多可愛俏麗的款式，但一定要分清場合來穿著。如果第一天上班這樣穿會給人輕浮、不穩重、擔當不起大任的感覺。

五、著裝有細節，你注意到了嗎？

在著裝上，不僅要對服裝在整體上有所把握，而且還要注意細節部分，因為或許

就是某些細節讓別人在第一次就看穿你，讓你因為一些細節造成失敗的第一印象。

有個推銷員曾詳細向人講述過他遇到的一件苦惱的事：一次與一位主任談業務，他伸手到口袋裏掏一份重要檔，突然發現上裝的衣袋裂開一個難看的口子。尷尬與無奈致使他這宗業務失敗，因為他當時清楚地意識到，主任也發現了這個裂口，於是他頓時心慌意亂，完全失去了鎮定，對商品的介紹再也進行不下去。

穿衣戴帽除了注意年齡、形體、季節、場合外，還得注意細節，不然會破壞整體的「美感效果」及「和諧統一」的原則。

1．穿西裝有講究　西裝是人們在社交場合常穿的服裝，但有的人穿起西裝來，顯得既有風度又瀟灑，而有的人穿西裝卻總讓人覺得不對勁。究其原因，是他們不懂著裝的知識，不按規範辦事所致。穿西裝應注意以下事項——

穿西裝除了上衣左前胸可以放置一塊裝飾手帕外，其他外部口袋包括褲子的後口袋都不宜放任何東西。錢包、鋼筆、名片夾等，最好放在公事包裏，如果不方便帶公事包，可把這些東西裝在上衣裏側的口袋內。

在正式場合，穿西裝要打領帶；非正式場合可以不打，但這時，襯衫最上面的一顆扣子應當不繫，而且裏面不要穿高領衫，以免襯衫領口敞開後露出一截，有礙觀瞻。西裝上衣領子上最好不要亂別徽章，裝飾以少為佳。西服上衣不能太短，應及臀部。女士的西服裙要長至膝蓋。

2．打領帶別亂繫。穿西裝打領帶，在美感上具有「畫龍點睛」的功效。當然，要打得好才行，亂打一通，肯定沒有這種效果。一般說來，打領帶應注意以下事項——

領帶的顏色與圖案可各取所好，但要避免「斑馬搭配」或「梅花鹿搭配」。「斑馬搭配」就是條紋領帶配條紋西裝或條紋襯衫；「梅花鹿搭配」就是格子領帶配格子西裝或格子襯衫。

在一般情況下，可以不用領帶夾，但在正式場合或進餐時，最好用領帶夾束一下領帶為好。比如進餐時，你不對領帶加以「管制」，它就很可能毫無顧忌地跟你一道「品嘗」飯菜的滋味。

3．穿絲襪應注意事項　絲襪是女性衣著必不可少的一部分，但有許多女性卻不

注意穿絲襪的細節，而只考慮衣服、首飾、鞋帽、手袋的搭配。結果，這後者雖然很協調，可因前者配襯不當，而影響了整體效果。

絲襪要高於裙子下襬，無論是坐是站，都不能露出大腿來。不然，會給人輕浮的感覺，讓人不信任。不要穿走絲或有破洞的絲襪，與其穿這樣的絲襪，還不如不穿，反而自然大方。

4．**儘量不要戴墨鏡**　有人認為戴墨鏡很酷，但建議大家與人初次見面一定要把墨鏡摘下來，讓人看到你的眼睛。墨鏡給人留下的第一印象將是負面的。

5．**出門之前別忘照鏡子**　在你去與人約會之前，一定要先對著鏡子整理一下自己的服裝（這也是一種尊重對方的表示）：

看看領帶歪沒歪，釦子扣沒扣，鞋帶繫沒繫，褲子拉鏈拉上沒拉上。

看看衣領髒不髒，袖口汙沒汙，皮鞋擦沒擦。

看看鬍鬚剃了沒有，頭髮梳好了沒有。

這些都檢查過了以後，沒發現什麼問題，你再抖擻精神去赴約。

所以，在你要開始交友、求職等各種攻勢之前，請先花些時間審視一下自己，你的外表，穿著打扮，舉止是不是能被大眾所接受？不管你怎麼熱情和健談，不管你如何懂得社交技巧，如果你的打扮過於考驗大眾的接受力，恐怕在一開始，你就會給人一種「不值得信任，不容易相處」的感覺！

一個人的儀表不但可以體現他的文化修養，也可以反映他的審美趣味。穿著得體，不僅能贏得他人的信賴，給人留下良好的印象，而且還能夠提高與人交往的能力。相反，穿著不當，舉止不雅，往往會降低了你的身分，損害你的形象。由此可見，儀表是一門藝術，它既要講究協調、色彩，也要注意場合與自己的身分。同時它又是一種品位文化的表現。

5．有禮天下任我行

禮儀如春風化雨，禮儀會提高你的交際品位。奧里森．馬登說，如果你的社會關係是一台機器，那麼，彬彬有禮的態度就是那部機器中的潤滑劑。因為，在人際交往中，只有形成尊重和被尊重的默契與和諧，才可能給你的形象加分，讓你的交際順利進行和持續發展。

常言道，禮多人不怪。當代社會，社交禮儀不可忽視。「彬彬有禮」已經成為判斷一個人社會地位和受教育程度的標準，也成為衡量一個現代人基本素養的客觀依據。其實，不知你是否意識到，在大多數情況之下，你的交際成功與否，你的事業發展與否僅僅取決於你對他人的尊重。如歐美的脫帽、擁抱，古代人的作揖就是人們最起碼的見面禮。在現代社會，人們行握手禮。即見面時，雙方往往先打招呼，然後相握致意。關係親密的朋友，可以伸出雙手久握和用力握。關係一般的人，可伸出手一握即止，這就是「禮」。

古語云：「文質彬彬，然後君子」。這意味著一個人從外表到本質文雅有禮，才能使他到處受他人的歡迎。因為，人際交往中只有形成尊重和被尊重的默契與和諧，才可能讓交際順利進行和持續發展。

由此可見，彬彬有禮是人際交往的基礎，也是你交際更具品位的基本要求。比如參加交誼舞會，男士的衣裝應該莊重整潔，舉止大方；女士的衣裝應該明快典雅，不宜濃妝豔抹。進入舞廳時應該彬彬有禮，對熟人和舊友要握手致意或點頭問好，對陌生人也應該以禮相待。話音不宜高，步態應該輕盈，當邀請舞伴，舞曲響起來的時候，男的應該主動走到女士面前，可行半鞠躬禮，並且輕聲邀請，女方點頭表示同意，然後才能並肩走入舞池。所以，彬彬有禮是使人與人和諧相處的最好的方法，這種方法，包含了尊重、親切、體諒等意義，同時，也表現出個人的修養。

其實，人人都希望受他人尊重，都想活得理直氣壯。一個人只有受到別人的認可和尊重，才能進一步肯定自己生命的意義。由此看來，尊重、體諒等禮節絕不是規章條文，也絕不是口是心非的問候，而是出自內心的真誠的行為。

那麼，如何讓自己彬彬有禮，從而為自己的社交打開局面，我們應該從以下幾個方面入手。

一、握手

多數用於見面致意或問候，也是對久別重逢的親友相見或辭別時的禮節。習慣上，握手還是一種表示感謝或相互鼓勵的表示。比方說贈送禮品或頒發獎賞後，都可

以用握手來表示祝賀、感激或鼓勵之意。

二、點頭

這是與別人打招呼使用的禮貌舉止。通常多用於迎送的場合，尤其是在迎送許多人時，用點頭就可以向許多人同時致意，表示對見面的喜悅或對離別的惆悵。在其他場合有時也用到點頭。

三、舉手

這也是與別人打招呼時的禮貌舉止。通常用於和對方遠距離相遇或倉促擦身而過的時候、它的用意在於表示自己認出了對方，但因條件限制而無法暫停施禮或與對方交談，用這種隨機的禮貌可以消除對方的誤會，並感到與正常招呼差不多的滿意。

四、起立

這是位卑者向位尊者表示敬意的禮貌舉止。現常用於集會時對報告人到場或重要來賓蒞臨時的致敬。平時，坐著的男士看到站立著的女子，或坐著的年輕者看到剛進室內的年長者，或者在送他們離去時，也可以用短暫的起立來表示自己的敬意。

五、致意

致意就是起立欠身（彎腰）是向別人表示自謙的禮貌舉止，也就相當於在向對方致敬。它與鞠躬的差別，只有程度上的不同而已，即鞠躬要低頭，而欠身或彎腰僅僅是身體稍向前傾，但不一定低頭，兩眼也仍可直視對方。

六、鼓掌

這是表示贊許或向別人祝賀的禮貌舉止。通常用於在聆聽別人的長篇講話和講演，看完、聽完別人的表演、演奏之後，用以表示自己的讚賞、欽佩或祝願。鼓掌一般出聲，但也可以不出聲而僅僅做出鼓掌的樣子，不過應當讓對方直接看到。

七、抱拳

這是身分相仿者之間互致敬意的禮貌舉止，它是由古代文人在相互見面或告辭時，互作長揖的禮儀動作演變而來的。

八、兩手合十

這是兼含敬意和謝意兩重意義的禮貌舉止，最初僅通行於出家人即佛門弟子之間，以後逐漸流傳到俗家人之間。因為這種禮貌舉止很文雅，為雅俗共賞，所以不少人也樂於使用。

九、擁抱

這是表示親密感情的禮貌舉止，通常僅用於外事及送往迎來的特殊場合。有時，有前嫌的雙方在誤會消除時也常常用擁抱來表達一些難以用語言來說明的複雜感情。但這種表達方式在東方人異性之間都比較慎重，輕易不大使用。

當然，表示禮貌的舉止方方面面，這裏只不過是提及其中幾種比較常見的而已。從根本上說，這些禮儀舉止是我們任何人都能做到的，只要在日常生活中留心一二，其包含的各種思想感情就會融入到別人的心田，受到別人由衷的稱讚，這不僅說明你是一個禮貌的睿智者，更可以使你在人際交往中如魚得水，順暢自如。

6．修煉你的內在形象

個人魅力已成為當今社會的核心概念之一，人們對魅力的依賴已經成為了一種生存狀態。《你的形象價值百萬》的作者，著名形象設計師英格麗·張認為，個人魅力並不是一個簡單的穿衣、外表、長相、髮型、化妝的組合概念，而是一個綜合的全面素質，一個外表與內在結合的，在流動中留下的印象。

可見個人魅力並不是簡單的、漂亮的臉蛋兒、窈窕的身材、迷人的微笑或瀟灑的舉止，而是包括在自我思想、追求抱負、個人價值和人生觀等方面，與社會進行溝通並為之接受的方法等。

在與他人的初次交往中，個人魅力的表現形式往往體現在某人於其他人眼中的形象。形象通常分為外在形象和內在形象兩種。

外在形象是相貌、衣著等這樣一些外在的特徵。它是人們根據自己的職業和地位等社會特徵來進行開發、定位，然後展現給別人看的。

出席一個重要會議該穿什麼顏色的衣服？配哪種襯衣和領帶？還有褲子和鞋子的搭配是否協調？噴灑哪個牌子的香水？你是否對上面的這些生活細節不屑一顧（因為實力更重要）？如果是這樣，你就錯了。你應該意識到，內在形象在一個人的旅途中扮演著不可忽視的角色。

內在形象是不能僅靠看一眼外表就能讓人認識到的，它是一種精神表現。我們來想像一下從未見過面的歷史人物的形象。譬如，一提到天才音樂家，你馬上就想到貝多芬，而貝多芬的相貌特徵、衣著打扮你並不知道。內在形象就是那些天才的或超群的特徵部分會轉變成記憶留在別人的腦海中，這些特徵是與擁有它們的人緊密聯繫的，並給人留下深刻印象。

美國一位高級禮儀顧問威廉·索爾比說：當你走進一個房間，即使房間裏沒人認識你，或者只是跟你有一面之緣，他們卻可以從你的外表對你做出以下幾個方面的推斷：經濟水準、受教育程度、可信任程度、社會地位、個人品行、成熟度、家庭教養情況、是否是成功人士。

其實，這裏既涵蓋了外在形象的概念，也包括內在形象的判斷。

良好的形象不僅能夠提升個人的品牌價值，而且還能提高自己的信心。形象的影響無所不在，對於面試的人，它影響著你是否能面試成功，贏得職位；對於同事，它影響著你們是否合作愉快；對於客戶，它影響著你的財路是否暢通。正因為如此，你才要塑造好自己的形象。

良好的形象絕不僅僅在於外包裝，它是每個人言談、表情、動作、語音、氣質、風度、品位等綜合因素的體現，只有平時注重自身知識積累、能力積蓄、修養提高、著裝得體、談吐文雅，才能做到卓爾不群。

你是否以為你所欣賞的魅力男人或者魅力女人是與生俱來的？你是否正在為自己沒有好的形象而悶悶不樂？事實上，那些魅力男人或者魅力女人都是通過後天學習才逐漸完善的，每個人都有著不同程度的潛在魅力，每個人都是一個有待開發的魅力寶庫，每個人都可以塑造出光彩照人的形象。

人的精神面貌的塑造，在很大程度上取決於其思想境界、道德情操和文化素養這些內在品質。比如，有的人儘管穿著高級的名牌衣服，但他的內在涵養卻不高，所以他並不能給人帶來美感；而有的人禮儀語言的表達很動聽，即使他著裝很儉樸，給人的感覺也依然是美好的。

因此，我們在學習禮儀行為規範的同時，還要注重自己的內在修養，在勤奮求知中不斷地充實自己，以提高自己的禮儀水準。

內在美的衡量，取決於一個人的精神狀態、個人氣質、品德情操和生活習慣，它是在長期的陶冶中形成的。如果能夠做到活潑但不輕佻，謙虛但不自卑，自信但不自傲，忍讓但不軟弱，誠實但不愚蠢，就是比較完美地具有內在美了。

人不僅要有天生的外表美，還要具有內在的心靈美。這樣，才能產生美的魅力。內在美似無形而實有形，往往從一個人的外部特徵中表現出來。人們常說的這個人的氣質和品性都很好，說的就是這個人的內在美。內在美表現在生活上，謙和恭敬、柔情似水；社交上，善良、有同情心、體貼他人、幫助弱者；工作上，寬容默契、通情達理、吃苦耐勞、默默奉獻。心胸狹窄、遇事斤斤計較、妒忌他人、損人利己，是內在美的大敵。同時，也直接影響外表美的形象。

風度美是高層次的美。它指的是工作和生活中的言談、行為、姿態、作風和表情。優雅的風度從何而來？

有人認為，它來自言行、姿態。言行、姿態與風度固然密不可分，但它們畢竟是風度的表現形式，是風度的流而不是源。僅僅在風度的外在形式上下功夫，盲目效仿別人的談吐、舉止及表情的話，只能給人留下淺薄的印象。

例如，在言談上，想學習別人的幽默感，然而由於內涵不夠，也未弄清楚何謂幽默，何時、何地、何種對象面前才適宜幽默，在這種不明所以情況下的所謂幽默，會使別人啼笑皆非，甚至鬧出誤會。也有人說，風度美就是心靈美。這話並不全對。心靈美指人的思想品質高尚，屬於內在美；而風度美受內在美的制約，但畢竟是通過言行所表現出來的一種神韻，屬於外在美。當然，有的人心靈十分美好，但他們卻不具有良好的風度。這是因為，外在美有其相對的獨立性，它有它獨特的表現形式和規律。想用心靈美取代風度美是錯誤的。

「修煉內在形象」就要從以下幾點入手——

一、增加知識與才幹

良好的風度必須以豐富的知識與涵養為基礎。風趣的語言、寬和的為人、得體的裝扮、灑脫的舉止等等，無不體現一個人內在的良好素質。當你的智力在敏捷性、靈活性、深刻性和批判性等方面得到發展，你在知覺、表像、記憶、思維等各方面得到了提高，加之你擁有豐厚的涵養，那麼，優雅的風度就自然而然地為你所擁有了。

二、具有性格與修養

具有修養和性格，是一個人風度、風韻、風格的核心。每個人的性格不盡相同，好動或好靜，開朗或內向，合群或孤僻，熱情或冷峻……有人對自己性格的優缺點很了解，卻無力駕馭它。

現代人應當有鍛鍊自己性格的自覺性。每個人的個性特點不同，所以性情陶冶對不同對象的意義也不同，方法也因人而異。每個人可以根據自己的性格，有針對性地選擇自己性格中的薄弱環節，採取恰當的方法，下一番工夫改造。修養，就是對自己性格的鍛造磨鍊。健全豐滿的性格，應該柔中有剛，韌中有勇，謙虛而不自卑，自信而不魯莽，細膩而不拖遝，熱烈而不狂放。有意義的人生是真善美的統一，良好的性格是獲得人生幸福的基石。

三、陶冶與淨化

個人風度和韻味的內在氣質，需要外在力量的陶冶。當我們走向大自然，面向江海，腳踏青山，我們會感到大自然的偉大和力量。陶冶是感情的培養，是人把在審美活動中的美好感受保存下來，化入自己的氣質之中。情感既需要生成、培養健康有意義的生活情趣，又需要宣洩，即把已經成熟的感情散發出來，在吐故納新中保持旺盛的生命力，這就是淨化。

當然，陶冶作用並非山水、大自然審美所獨有，人們在欣賞社會美和藝術美的同時，也會受到很大的陶冶。作為現代生活中的人，要真正培養起自己較好的風度形象和具有魅力的風韻；首先應當從「大」處著眼，從素質上提高自己。如果對自己的風度訓練僅僅局限於如何舉手、如何投足、如何說話、如何顰笑，往往收效甚微，以至弄到俗氣的地步。換句話說，太多地講究舉止、故意地追求優雅，反而失去了風度。

四、培養高尚的人生觀

品德高尚的人必定擁有正確的人生觀，這些人的生活態度總是積極向上的，每天都以微笑來面對這個世界、面對紛繁複雜的生活，似乎在這些人的生活中，根本就不存在什麼困難。其實在這些人的生活中，同樣有電話費要交、同樣有討厭的堵車、同樣有小人的糾纏……

只是這些事情在他們心中已經成為一種生活的點綴，而不是生活的負擔。他們明白這個世界上沒有十全十美的，只要活著，總是會遇到問題，那麼既然這樣，何不勇敢、樂觀地去面對呢？正是在這個意義上，那些具有高尚人生觀的人才會更加令人欣賞，他們的美麗也不再僅僅停留在外表，而是向內心轉變。

五、端正積極的人生態度

一個人的優雅不僅僅體現在優美的體態上，更為重要的是這些美麗同樣要體現在對人生的態度上。曾經有人說過這樣一句話：「一個積極的貧困女孩，比一個絕望的公主還要美麗。」確實是這樣，熱情向上的人生態度，使得外在的美更加富於靈性，也更加瑰麗。更為可貴的是，熱情向上的人生態度還能彌補形體的平凡和缺陷，使得周圍的人更加讚賞你。

六、富有同情心

善良的人，心地總是純潔的，還富有強烈的同情心，讓周圍人的生活因為有了自己而改變。富有同情心的人能給周圍人帶去快樂、帶去幸福，在別人最需要的時候帶去溫暖和祝福。

如果你的身邊正好有一個生病的人，那麼請你抽出時間去照看她，如果有機會，請你給她帶去一束鮮花；如果你的身邊正好有一個身障人士走過，那麼請你不要移開目光，伸出你的手幫對方一把，即便僅僅是一個鼓勵的眼神，對方也會因為你而改變；如果你的身邊正好有一個容貌醜陋的女人，那麼請你不要去取笑她，而是去尊重她、鼓勵她。這就是同情心，一個優雅的人所必須具備的最基本的品德。

七、多為別人著想

任何人的一生都不是孤獨的，即便是世界上朋友最少的人，他的生活裏也不是只有自己一個人，也就是說每個人都會不同程度地和周圍人發生一些關係，這就是所謂的人際關係。在這樣的人際關係中，一個優雅的人能考慮到別人的感受，能多為別人著想。一個只會自己顧自己、只在意自己感受的人絕對是不受歡迎的人，即便這個人的容貌再驚人、再美麗，人們也會感到討厭。

人不是孤立生活在這個世界上的，每個人都想擁有他人的關心和愛護，也都希望他人能在意自己的感受，能為自己著想。總之，無論這個現實世界是多麼殘酷與紛擾，你能讓自己所到的地方都開出美麗的花朵，那麼你就是一個值得大家尊敬的高尚的人。

八、誠心誠意幫助別人

對於那些有苦難需要幫助的人，要誠心誠意地雪中送炭，而不是敷衍、表演。正在經歷苦難的人的心靈總是脆弱的，即便是一個不在乎的眼神都能讓他們感受到生活的絕望，更何況是敷衍的幫助。如果你在幫助對方的時候表現出不真誠，那麼，將難以撫平別人的創傷，而有違你的初衷。

7．為自己營造光環

很多時候，你的光芒是被你自己掩蓋住了。你不要一味地指責伯樂沒有發現千里馬，而是你不懂得推銷的藝術，沒有意識到人人都需要借助包裝的手段，來引起他人的注意。

由於不愛展示自己，使自己的優勢得不到突出的顯示，對自己的缺點也不懂得巧妙地加以掩飾包裝，所以這種人在人才競爭中就會處於劣勢。受不到別人重視的人，身價就不會很高。因此，贏得上司的賞識，就要對自己進行適當的包裝，像推銷產品一樣把自己推銷給你的老闆。

年輕人進入工作崗位，不懂得包裝的重要意義，更不會想辦法去包裝自己。不僅缺少包裝自己的思想意識，而且往往由於缺乏技巧而不能發揮包裝自己的這種優勢。其實並非不想表現自我，只是不善於包裝自我，由於方法失當、手段貧乏而致使效果不佳，或得非所願。

他們把技巧和方法不是看作一種工具，而是當做一種具有道德屬性的東西加以排斥，這樣就很難把自己的優點最完善地通過包裝凸現出來，很難把自己的成績最得體地呈現出來。更多的情況是，沒有什麼實際效果，甚至還適得其反。

勇於表現，是自我價值和實力的有力證明。在求職時，在面試官前得體地展示自己，會為你的成功加碼。

下面的這個故事正說明了推銷自己的作用。

一個新聞系的畢業生正急於尋找工作。

一天，他到某報社對總編說：「你們需要一個編輯嗎？」

「不需要！」

「那麼記者呢？」

「不需要！」

「那麼排版及校對人員呢？」

「不，我們現在什麼空缺也沒有了。」

「那麼，你們一定需要這個東西。」說著他從公事包中拿出一塊精緻的小牌子，上面寫著「額滿，暫不雇用」。總編看了看牌子，微笑著點了點頭，說：「如果你願意，可以到我們的廣告部工作。」

這個大學生通過自己製作的牌子，表現了自己的機智和樂觀，給總編留下了美好的「第一印象」，引起對方極大的興趣，從而為自己贏得了一份滿意的工作。並且，因為對他有良好的第一印象，總編一直對他印象頗佳。

市場經濟是一種競爭性經濟，別人有了需求，就需要有人供給，而要想在諸多供給者中脫穎而出，你就必須向別人證明你是最好的。傳統社會的供求模式是「皇帝的女兒不愁嫁」，現代社會則轉而變為「酒香也怕巷子深」，沒有自我宣傳的意識，缺乏主動出擊的精神，必然會「門庭冷落」。勇於展示自己，就要用自己最擅長的東西，最突出的特色去打動人，使自己成為一望便知、眾所矚目的亮點。

一個人被別人所接受的過程，同樣也是一個自我展示的過程。在人際關係中運用包裝手段，可以使你更快地得到別人的注意，也能更好地表現自己的實力，從而會使你獲得更多的成功機遇。也就是說，如果你是千里馬，就一定要跑起來，讓別人信服，不要秀於內而拙於外，表現得像匹平庸的馬甚至是劣馬。只有在你看起來非常優秀的情況下，你才有機會證明這種優秀，進而別人才會接受你的優秀，你才會獲得發展，從而變得更加優秀，更具有競爭力。

8．打造你的個人品牌

如今的職場越來越關注「職業品質」：在跳槽成為習慣的年代，你不會永遠屬於一家單位和一個職位，裁員風暴很可能席捲而過。那麼，如何穩坐釣魚臺，成為職場中的「不倒翁」，答案似乎只有一個：建立有「職業品質」的個人品牌。因為職場就是戰場，含金量決定著品牌度。

21世紀是品牌時代，管理學家指出，在職場中也應儘快建立起自己的品牌，從而成為能讓老闆和同事記住的人，說到你，能讓人馬上想到你的許多與眾不同的優點，比如你的業務能力、你為人的親和力等。這個時代充滿了選擇的自由，如果在職場中具有了自己的個人品牌，就會有更多選擇的機會和更多向上發展的機遇。

個人品牌就是個人在特定工作中顯示出的獨特的、不同一般的價值。一個人業務能力的高品質和個人的人品品質是品牌的基本特徵。此外個人品牌具有穩定性和可靠性，穩定性是指個人能力的相對穩定，也就是你的做事態度和個人能力都是有保證的，也一定能給企業帶來效益；可靠性則是指一個人的美譽度，也就是企業使用你絕對可以放心和信任，放手讓你獨立工作。

史密斯就職的公司已多次裁員，但他卻「巍然不動」，因為他不但學歷高，技能好，為人也很好，用老闆的話講是「忠誠度高」、「經久耐用」。可見個人品牌的最

基本特徵是「品質保障」，這一點跟產品品牌一樣。它體現在兩方面：一方面是個人業務技能上的高品質；另一方面是人品品質。也就是說既要有才更要有德。

維克多開了一家律師事務所，常常門庭若市，原因只是因為一貫仗義執言的維克多在律師界內外的口碑都相當不錯，「法律問題，找維克多」已成為許多人的默認「主頁」。維克多可以說是成功塑造個人職業品牌的一個典型例子，品牌不是自封的，而是被大家所公認的，個人一旦形成品牌後，他跟職場的關係就會發生根本性的變化。像一個企業一樣，一旦建立了品牌，工作就會事半功倍。

對於大公司的職業經理人來說，個人品牌是職業發展的助推器，借助它你可以更快地得到升遷、平步青雲。事實上，升遷路上的競爭某種程度上就是經理人員的個人品牌之爭，最終勝出的必定是擁有良好個人品牌的候選人。

在當前經濟蕭條的情況之下，有那麼多精明的經驗豐富的經理人失去了工作，並不是因為他們缺乏獨特的能力，而是他們缺乏一個整體的個人品牌包裝將這些特點統一起來（凌亂的優點不會成為優點）。

如今，僅有一份漂亮的簡歷是行不通的。對於公眾公司的CEO而言，個人品牌甚至會影響公司股票價格。這就是為什麼傑克．威爾許時代的通用電氣股市能夠獲得投資者的追捧；為什麼羅伯托．古茲塔在位時可口可樂的股票不斷地升值。

那麼怎樣建立自己的「個人品牌」呢？

一、要進行「品牌定位」

大企業創造品牌的標準方法是特色——利益模式，企業思考它所提供的產品或服務的特色，能為客戶或是顧客帶去什麼特殊的利益。這套方法同樣可以運用在個人品牌的建立上。想一想你的特色——利益模式是什麼？

二、打造精湛的專業技能

較強的工作技能是個人品牌的核心內容。精深的專業技能是個人品牌建立的重要元素。「個人唯有專精，才能生存，否則別人會挑夢幻團隊，不會想到你。」

管理大師彼得．杜拉克在最新的著作中指出：現在個人專長的壽命，比企業的壽

命長。如何將自己的技能和工作的風格形成一個特色，具備不可替代的價值，是建立個人品牌的關鍵所在。

三、持續的學習

個人品牌有個積累和培養的過程，初入職場，個人沒有品牌可言，只有在工作中，以自己的努力和特有的價值獲得認可才能被業界認同。在這個過程中，你要不斷學習新知識，補充新內容。

建立個人品牌對於自我價值的實現尤為重要，其成功的機率也遠遠大於那些缺少個人品牌的人才。個人品牌一旦形成後，就具有了一定的品牌價值，先前也許是你去找用人單位，而現在也許是用人單位衝著你的品牌找你，個人發展的選擇機會增加了，個人的品牌價值也隨之提高。

第6章

幸福要先完善自己

胸懷寬闊，生命便會盛開如花，
友誼亦會如蝴蝶般翩翩而至。
當你用一顆真誠、關愛的心對待別人，
他便會感受到你的溫暖，
你也會從他反饋回來的情感中得到快樂，
一個人的人性愈完美，他的人生便會愈滿足。

1．迷人的個性

什麼是迷人的個性？

當然是能夠吸引人的個性。

但是，是什麼使個性能夠吸引人？讓我們在此發掘其中真相。你的個性是你的特點與外表的總和，這些也就是你和其他人所不同的地方。你所穿的衣服，你臉上的線條，你的聲調，你的思想，你由這些思想所發展出來的品德，所有這一切都構成你的個性。

至於你的個性是否令人喜愛，則是另外一回事。

很顯然的，你個性中最重要的一部分，就是你的品質所代表的那一部分，也就是外表上看不出來的那一部分，因為人們都是從你的外表來獲得對你的第一印象。

即使是你握手的態度也密切關係到是否將因此吸引或排斥和你握手的人。

你眼中的神情也是構成你個性中的一個重要部分，因為有些人能夠由你的眼睛看穿你的心；看出你內心深處的思想，看出你最隱祕的念頭。你身體的活力——有時候稱做個人魅力，也是你個性中的一個重要部分。

有一種方式，你可以用來表現你的個性內容，使你的個性能夠永遠引人喜愛。這個方式就是——對其他人的生活、工作表示深切的關心與興趣。

我們都是人，而且或多或少都有點自負。

在這方面，我們都很相似——我們將會以莫大興趣聆聽那些能夠談論我們內心演算問題的人所說的話，然後，出於一種回報感，當這位說話者最後把談話的內容轉移到與他自己有切身關係的方向時，我們也會津津有味地聽著。到了最後，我們不僅會接受對方，而且還會說：「這人真是太好了。」

世界上充滿了善談者，但卻沒有那麼多會說話的人。在日常生活中，言談得體是非常必要的。言談得體的關鍵之一是使他人高興的能力，關鍵之二是不要壟斷談話，關鍵之三是幫助他人有目的地談話。因此，求同存異，傾聽、誇獎別人，你就會成為一個很有魅力的人。

笑，是人類的天性。人人都能笑，但並不是人人都會笑。笑的魅力無窮無盡，笑的藝術無窮無盡。與人相處能不能成功，全看你能不能以同理心接受別人的觀點。

你如果先承認自己也許弄錯了，別人才可能和你一樣寬容大度，認為他有錯。總之，人生的美麗在於人情的美好，人情的美好在於人性的美麗，人生的美麗在於人的個性，在於人迷人的個性。

你也許會以最漂亮、最新款式的衣服來裝扮自己，並表現最吸引人的態度。但是，只要你內心存在著貪婪、嫉妒、怨恨及自私，那麼，你將永遠無法吸引任何人。

你也許會做出一個虛偽的笑容，掩飾住你真正的感受，你也許可以模仿表現熱情的握手方式，但是，如果這些「吸引人的個性」的外在表現缺乏熱忱這個重要因素，那麼，你不但不會吸引人，反而會讓別人逃避你。

而真正迷人的個性，必須具備以下幾個要素——

1・養成使你自己對別人產生興趣的習慣。而且你要從他們身上找出美德，並且對他們加以讚揚。

2・培養說話能力，使你說的話有分量，有說服力。你可以把這種能力同時應用在日常談話及公開演講上。

3．為你自己創造出一種獨特的風格（但不是怪異的），使它適合你的外在條件和你所從事的工作。

4．發展成一種積極的品格。

5．學習如何握手，使你能夠由這種寒暄方式表達出你的溫柔與熱忱。

6．把其他人吸引到你身邊，但你首先要使自己「被吸引」到他們身邊。

7．記住：在合理的範圍之內，你惟一的限制就是你在你自己的頭腦中設立的那個限制。

總之，如果你具有一些好的思想、感覺、以及行動，便可以建立起一種積極的品格，然後學習用一些有說服性的方式來表達你自己，那麼，你將展示出迷人的個性。

2．富有合作精神

大西洋上有一處世界上最著名並無法抗拒的大漩渦。這個永不停息的大漩渦十分可怕。任何人只要被捲了進去，就再也無法逃生。

同樣的，那些不了解合作努力原則的人，也正在向著生命的大漩渦前進，他們必然遭遇不幸的毀滅。在我們生存的這個世界上，到處都可以看到「適者生存」的證據。這裡所說的「適者」就是有力量的人，而這力量就是合作努力。

很不幸的是，由於無知，或是自大，有些人因而誤認為自己能夠駕馭弱小的帆船駛入這個處處危險的生命海洋。這種固執使我們不難發現，有些漩渦，比任何危險的海域還要危險萬分。

當人們處於不友好的戰鬥時，不管在什麼地方，也不管戰鬥的性質及原因是什麼，我們都可以發現，在戰場附近都有這樣的一個大漩渦在等待著這些戰鬥人員。

只有經由和平、和諧的努力，才能獲得生命中的成就。單獨一個人必定無法獲得成就。即使一個人跑到荒野中去隱居，遠離各種人類文明，然而，他仍然需要依賴本身以外的力量來求得生存，他也會因此而必然成為文明的一部分，這也注定了他需要依賴合作性的努力。

不管一個人是依靠白天辛勤工作謀生，還是依賴利息收入過活，只要他能夠和其他人友好合作，他的生活就可以過得順心一些。還有，其生活哲學以「合作」而不以「競爭」為基礎的人，不僅可以比較容易過日子，也將享受到額外的「幸福」，而這乃是其他人所永遠享受不到的。

經由合作努力而獲得的財富，不會在它們的主人心上留下傷疤；而如果是經由衝突與競爭方法而獲得的財富，必然會使它們的主人受到傷害。

不管是為生存，還是為了獲得豪華生活而努力積聚物質財富，這些努力占去我們在這個世俗世界掙扎奮鬥的大部分時間。如果我們無法改變人類天性的這種物質傾向，我們至少可以改變追求財富的方法，那就是把「合作」當作是追求財富的方法的基礎。

通過合作努力，可以使我們獲得雙重的獎勵：一方面可使我們獲得生活所需求的一切；另一方面可使我們的內心獲得平靜，這是貪婪者永遠無法得到的。貪心的人也許可以積聚龐大的物質財富，這一事實是不容否認的。但是他將會為了貪圖一時的小利而出賣他的靈魂。

通過努力合作集思廣益，能使一加一等於八、十六，甚至一千六。人類的潛能因而得到激發，即使面對再大的挑戰也不畏懼。

因此，為了你的明天，你應該——

1．敞開胸懷，博採眾議。

2．不要一意孤行，處處要別人順從與附和。

3．重視個體的不同心理、情緒與智能。

4．重視個人的參與。

5．讓人覺得想法是自己的。每個人都重視自己，喜歡談論自己，即使你的朋友也一樣，他們可不願意聽你嘮嘮叨叨地在那兒自吹自擂。

6．善於從他人的立場看待問題。記著，別人也許完全錯誤，但他並不以為如此，因此，不要責備他，只有傻瓜才會那麼做。試著了解他，只有這樣，才能顯示出你的聰明、容忍和與眾不同。

7．請求對手的幫助。人類天性中最深切的動力是「做個重要人物的欲望」。請對方幫你一個忙不但能使他自覺重要，你也會因此而贏得友誼與合作。

8・化衝突為合作。團結能和平共存，分裂則會水火不容。

9・化阻力為助力。如果能配合利己利人的動機，設身處地的溝通技巧與集思廣益的整合工夫，不僅可以破解阻力，甚至可以化阻力為助力。

10・尊重別人並不意謂著妥協。因為妥協意謂著喪失你自己。

11・多與別人溝通。

3・找出你喜愛的工作

有許多目標、動機及人物可以激發一個人愛的天性。有些工作是我們所不喜歡的，有些工作是我們稍微感興趣的，在某種條件下，可能有某種工作是我們真正喜愛的。當一個人從事他所喜愛的工作或是為他們喜愛的個人工作時，這個人將發揮最大的工作效率，而且也將更為迅速、更為容易地獲得成功。

不管什麼時候，只要當愛的情緒一進入一個人所從事的任何工作，這項工作的質量將立即得到改善，數量將大為增加，而工作所引起的疲勞將相對地大量減少。

一群社會學家——他們自稱為「合作者」，在路易斯安那州組織了一個「殖民地」，他們買下幾百畝農地，開始為實現一個理想而工作。他們擬訂了一套制度，讓每個人去從事他最喜愛的工作，或是從事他擁有最佳裝備的工作。他們擁有自己的牧場、自己的製磚工廠、自己的牛和家禽等等。他們還有一個印刷廠，出版了一份小型社區報紙。

一位來自明尼蘇達州的瑞典移民加入了這個「殖民地」，根據他自己提出的要求，他被分配到印刷廠工作，沒過多久，他卻抱怨並不喜歡這項工作，於是他被調到農場工作，負責駕駛一架拖拉機。但他對這項工作只忍耐了兩天，就覺得再也受不了。於是他又申請調職，而被指派到牛奶廠工作。偏偏他和那些乳牛相處不來，他就這樣一一嘗試過「殖民地」中的每一樣工作，但沒有任何一樣工作是他所喜歡的。

正當他要退出「殖民地」之際，有人突然想到，有一項工作是他尚未嘗試過的——就是在製磚廠中。於是他拿到一輛獨輪手推車，被分配給這樣一份工作，把製好的磚頭從窯裡運到磚場上，堆成一堆。一個星期的時間過去了，並沒有人聽到他提出任何抱怨。有人問他是否喜歡這項工作時，他很高興地回答說：「這正是我所喜歡的工作。」

想想看，竟然有人會喜歡推送磚頭的工作。不過，這項工作倒是很適合這個瑞典人的個性。他獨自一個人工作，而且這個工作不需要任何思想，對他也沒有任何責任上的束縛，這正是他所希望的。他一直擔任這項工作，直到所有的磚頭都被運出擺好為止，然後，他就離開了這塊「殖民地」。

當一個人從事他所喜愛的工作時，他很容易就能做得比分內應做的更好、更多。為了這個原因，每個人都有責任去找他自己最喜愛的工作種類。

當然，你要準確了解自己的興趣所在，能夠將興趣和從事的工作結合起來，這是再好不過的事了。但現實必定是現實，它不會因為你的主觀願望而有所改變。所以，從現在開始，你要培養樂於接受各種工作的習慣，對那些其他同事不願意做的工作，你要表現出你的熱情和活力。這樣上司會認為你是踏踏實實、努力工作的人，他對你的信賴，等於把你推向幸運之神。

你四處奔波尋找「理想」的工作，為自己制定了最低應聘標準。高薪的工作是你享受人生的保障。為此，你放棄了自己最擅長的專業，放棄了工作條件優良、環境優美的公司，甚至不惜得罪為你介紹工作的朋友。最終，你如願以償，進了一家薪水很高的公司。可是，不久你就發現，這裡的一切並不適合你，你感到無比的壓抑。其實這是必然的，因為——

1．你把金錢看成了生活的全部意義。

2．放棄了自己擅長的專業。

3．沒有長遠的目光。

4．你可能沒有能力做好那份工作。

5．有了錢，也會因工作壓力太大而無法享受生活。

6．你這個弱點可能會被利用。

所以，為了你的明天，你應該為自己確定正確的求職方向——

1．要了解自己的興趣、愛好、專業技能，提高自己的適應能力。

2．把薪水高低作為求職的惟一標準，必定會限制自身的發展。

3．找工作之前，你可以閱讀有關的求職書籍。

4．進行多方面的技能培訓和諮詢。

5．為自己確定正確的求職方向。

6．不要把選擇工作的惟一的條件定為高薪。

7．只有那些能充分發揮你的能力和特長、挖掘你自身的潛能、讓你贏得讚譽的工作，才能讓你的理想得以實現。

4．熱忱力量

拿破崙．希爾告訴我們，熱忱是一種意識狀態，能夠鼓舞及激勵一個人對手中的工作採取行動。而且不僅如此，它具有感染性，不只對其他熱心人士產生重大影響，所有和它有過接觸的人也將受到影響。

熱忱和人類的關係，就好比是蒸氣機和火車頭的關係，它是行動的主要推動力。人類各偉大的領袖就是那些知道怎樣鼓舞他的追隨者發揮熱忱的人。

把熱忱和你的工作結合在一起，那麼，你的工作將不會顯得很辛苦或單調。熱忱會使你一整個身體充滿活力，使你只須在睡眠時間不到平時一半的情況下，工作量大

到平時的兩倍或三倍，而且不會覺得疲倦。

熱忱並不是一個空洞的名詞，它是一種重要的力量，你可以利用，使自己充滿幹勁，沒有了它，你就像一個已經沒有電的電池。

熱忱是股偉大的力量，你可以用它來補充你身體的精力，並發展成一種堅強的個性。有些人很幸運，天生即擁有熱忱，其他人卻必須努力才能獲得。發展熱忱的過程十分簡單。首先，從事你最喜歡的工作，或提供你最喜歡的服務。如果你因情況特殊，目前無法從事你喜歡的工作，那麼，你也可以通過另一項十分有效的方法，那就是，把將來從事你最喜歡的工作，當作是你的明確的目標。

缺乏資金以及其他許多種你我無法當即克服的環境因素，可能迫使你從事你所不喜歡的工作，但沒有人能夠阻止你在自己的腦海中決定你一生中明確的目標，也沒有任何人能夠阻止你將這個目標變成現實，更沒有人能夠阻止你把熱忱注入到你的計畫之中。熱忱能帶領你邁向成功。如果你有熱情，那麼，你幾乎就所向無敵了。

要是你沒有能力，卻有熱情，你還是可以使有才能的人聚集到你的身邊。假如你沒有資金或設備，若你有熱情，還是有人會回應你的夢想。熱情就是成功的源泉。你的意志力和追求成功的熱情越強，成功的機率也就愈大。

熱情是一種狀態——你二十四小時不斷地思考一件事，甚至在睡夢中仍念念不忘。事實上，一天二十四小時意識清楚地思考是不可能的，然而這種專注卻很重要。如果真這麼做，你的欲望就會進入到潛意識中，使你或醒或睡都能集中心志。

熱情可使你釋放出潛意識的巨大力量。在認知的層次，一般人是無法和天才競爭的，然而，大多數的心理學家都同意，潛意識力量要比有意識的力量大得多。一家小公司不可能夢想很快就招募到一批人才。但是，我們相信，如果發揮潛意識的力量，即使是普通人也能創造奇蹟。

熱忱要單純。真正的熱忱常能帶來成功。但如果熱忱是出於貪婪或自私，成功也就會如曇花一現。如果你對正義毫無感覺，凡事都以自己為出發點，同樣的熱忱也許一開始會讓你嘗到甜頭，可最後還是不免要倒下。

能否成功，最後還是要看我們潛意識裡的欲念是否單純。

最理想的情況莫過於去除我們自身的自私，凡事利他助人，並且單純地希望增進人和社會的幸福。拿破崙。希爾告訴我們：「在一個人為了一些無私的念頭而痛苦焦

慮時，常常會柳暗花明，突然出現解決之道。」這就是更高的力量把人們那種無助而單純的念頭帶入他的潛意識中，才能使他洞察了先機。

世界從來就有美麗和興奮存在，它本身就是如此動人，如此令人神往，所以我們必須對她敏感，永遠不要讓自己感覺遲鈍、嗅覺不靈，永遠也不要讓自己失去那份應有的熱忱。如果你總是沒有熱情，那麼你可能會不時地受到怯懦、自卑或恐懼的襲擊，甚至被這些不正常的心理所擊倒。

所以，增強我們的熱情是必須的——

1．**深入了解每個問題**　想要對什麼事熱心，先要學習更多你目前尚不熱心的事。了解越多，越容易培養興趣。

2．**做事要充滿真誠的感情**　一旦當你說話做事滲入真誠的情感，那麼你就已經具有引人注意的良好能力了。

3．**要傳播好消息**　好消息除了引人注意之外，還可以引起別人的好感，引起大家的熱心與幹勁。

4．**培養「你很重要」的態度**　任何人都有成為重要人物的願望，只要滿足別人的這項心願，使他們覺得重要，那麼他們就會盡全力地去工作。

5．**強迫自己採取熱忱的行動**　深入發掘你的工作，研究它，學習它，和它生活在一起，並且找出樂趣來儘量蒐集有關它的資料。這樣做下去就會不知不覺使你變得更為熱忱。

6．**不可以把熱忱和大聲講話或呼叫混在一起**　如果你內心裡充滿熱忱，那麼，你就會興奮，這時，你的眼睛、你的面孔、你的靈魂以及你整個為人方面的表現，都會讓你的精神振奮，從而去感染別人。

7．**身體健康是產生熱忱的基礎**　一個人如果行動充滿了活力，他的精神和情感也會充滿了活力。

8．**說些鼓舞的話**　在振奮你自己的同時，也振奮了你周圍的人。

9．**你要反省自己**　要經常給自己打氣。

10．**要知道你是一個天生的優勝者。**

11．**要啟發靈感**　不要滿足現狀，不僅僅對你自己，而且對你周圍的世界亦然。

12．成功的熱忱，終得有行動的熱忱。

13．要敢於向自我挑戰。

14．在極端困難的條件下，要有「破釜沉舟」的勇氣。

5．自制的力量

偉大的生活基本原則都是包含在我們大多數人永遠不會去注意的日常生活經驗中，同樣的，真正的機會也經常藏匿在看來並不重要的生活瑣事中。

你可以立刻去詢問你所遇見的任何十個人，問他們為什麼不能在他們所從事的事業中獲得更大的成就，這十個人當中，至少有九個人將會告訴你，他們並未獲得機會。你可以對他們的行為做一整天的觀察，以便對這九個人做更進一步的正確分析。我敢保證，你將會發現，他們在這一天的每個小時當中，正不知不覺地把自動來到他們面前的良好機會推掉。

有一天，拿破崙・希爾站在一家商店出售手套的櫃檯前，和受僱於這家商店的一名年輕人聊天。他說他在這家商店服務已經四年了。但由於這家商店的「短視」，他的服務並未受到店方的賞識，因此，他目前正在尋找其他工作，準備跳槽。

在他們談話時，有位顧客走到他面前，要求看一些帽子。這位年輕的店員對這名顧客的請求置之不理，一直繼續和希爾談話，雖然這名顧客已經顯出不耐煩的神情，但他還是不理。最後，他把話說完了，這才轉身向那名顧客說：「這裡不是帽子專櫃。」那名顧客又問：「帽子專櫃在什麼地方？」這個年輕人回答說：「你去問那邊的管理員好了，他會告訴你怎麼去到帽子專櫃。」

四年多來，這個年輕人一直處於一個很好的機會中，但他不知道。他本來可以和他所服務過的每個人結成好朋友，而這些人都是他這家店裡最有價值的人，因為這些人都會成為他的老顧客，不斷地回來和他交易。但是他拒絕或忽視運用自制力，對顧客的詢問不搭不理，或是冷冷淡淡地隨便回答一聲，就把好機會一個一個地丟掉了。

某一個下雨天的下午，有位老婦人走進匹茲堡的一家百貨公司，漫無目的地在公司內閑逛，很顯然是副不打算買東西的神態。大多數的售貨員只對她瞧上一眼，然後就自地整理貨架上的商品，以避免這位老太太去麻煩他們。其中一位年輕的男店員看到了她，立刻主動地向她打招呼，很有禮貌地問她，是否有需要他服務的地方。這位老太太對他說，她只是進來躲雨罷了，並不打算買任何東西。這個年輕人並沒有因此而冷落她，主動和她聊天，以顯示他確實歡迎她。當她離去時，這個年輕人還陪她到街上，替她把傘撐開並帶她過了馬路。這位老太太於是向這個年輕人要了一張名片，然後徑自走開了。

後來，這個年輕人完全忘了這件事情。突然，有一天，他被公司老闆召到辦公室，老闆給了他一封信，是位老太太寫來的。這位老太太要求這家百貨公司派一名銷售員前往蘇格蘭，去代理裝潢一所豪華住宅的工作。

這位老太太就是美國鋼鐵大王卡內基的母親，她也就是這位年輕店員在幾個月前很有禮貌地護送到街上的那位老太太。

這封信中，卡內基的母親特別指定這名年輕人代表公司去接受這項工作。這項工作的交易金額數目巨大，這名年輕店員如果不是好心地招待這位不想買東西的老太太，那麼，他將永遠不會獲得這個極佳晉升的機會。

熱忱是促使你採取行動的重要原動力，而自制則是指引你行動方面的平衡輪。它能幫助你的行動，而不會破壞你的行動。

要想與眾不同，是否有某種特別的步驟？不錯，的確有一個特別的方法——

1．**控制自己的時間** 時間雖不斷流逝，但也可以任人支配。你可以選擇時間來工作、遊戲、休息……雖然客觀的環境不一定能任人掌握，但人卻可以自己制定長期的計畫。生命就是時間，把握時間，就是掌握生命。

2．**控制思想** 我們可以控制自己的思想與想像性的創造，必須記住：幻想在經過刺激之後，將會實現。

3．**控制接觸的對象** 我們無法選擇共同工作或一起相處的全部對象；但是我們可以選擇共度最多時間的同伴，也可以認識新朋友，找出成功的楷模，向他們學習。

4．**控制溝通的方式** 我們可以控制說話的內容和方式。記住，我們談話的時

候，是學不到任何東西的，因此，溝通方式最主要的就是聆聽、觀察以及吸引。當我們溝通時，我們要用信息來使聆聽者獲得一些價值，並彼此了解。

5．**控制承諾**　我們選擇最有效果的思想、交往對象與溝通方式。我們有責任使它們成為一種契約式的承諾，定下次序與期限，按部就班，平穩地實現自己的承諾。

6．**控制目標**　有了自己的思想、交往對象以及承諾之後，就可以制定生活中的長期目標，而這個目標也就成為我們追求的理想。而這份理想將給予我們前進的動力。

7．**控制憂慮**　一般人最關心的莫過於如何創造一個喜悅的人生。多數人對於會威脅自己價值觀的事，都會有情感上的反應。

6．積極的心態

我們必須面對這樣一個奇怪的事實：在這個世界上，成功卓越者少，失敗平庸者多。成功卓越者活得充實、自在、瀟灑；失敗平庸者過得空虛、艱難、猥瑣。

為什麼會這樣？仔細觀察，比較一下成功者與失敗者的心態，尤其是關鍵時候的心態，我們就會發現「心態」導致人生驚人的不同。

在推銷員中，廣泛流傳著這樣一個故事：兩個歐洲人到非洲去推銷皮鞋。由於炎熱，非洲人向來都打赤腳。第一個推銷員看到非洲人都赤著腳，立刻失望起來：「這些人都赤腳，怎麼會買我的鞋呢？」於是他放棄努力，失敗而回。另一個推銷員看到了非洲人都赤著腳，驚喜萬分：「這些人都沒有皮鞋穿，這皮鞋市場大得很呢！」於是想方設法，引導非洲人購買皮鞋，最後發了大財而回。

這就是一念之差導致的天壤之別。同樣是非洲市場，同樣面對打赤腳的非洲人，由於一念之差，一個人灰心喪氣，不戰而敗；而另一個人滿懷信心，大獲全勝。

拿破崙・希爾曾講過這樣一個故事──

塞爾瑪陪伴丈夫住在一個沙漠的陸軍基地裡，天氣熱得令人受不了──在仙人掌的陰影下也有華氏一二五度。她沒有人可以談天，只有墨西哥和印第安人，而他們不

會說英語。她非常難過，於是就寫信給父母，說要丟開一切回家去。她父母的回信只有兩行，這兩行字卻永遠留在她心中，完全改變了她的生活：

「兩個人從牢中的鐵窗望出去，一個看到泥土，一個卻看到了星星。」

塞爾瑪一再讀這封信，覺得非常慚愧。她決定要在沙漠中找到星星。

塞爾瑪開始和當地人交朋友，他們的反應使她非常驚奇，她對他們的紡織、陶器表示興趣，他們就把最喜歡但捨不得賣給觀光客人的紡織品和陶器送給了她。塞爾瑪研究那些引人入迷的仙人掌和各種沙漠植物、生態，又學習有關土撥鼠的知識。她觀看沙漠日落，還尋找海螺殼，這些海螺殼是幾萬年前這沙漠還是海洋時留下來的……原來難以忍受的環境變成了令人興奮、留連忘返的奇景。

是什麼使這位女士內心有這麼大的轉變？

沙漠沒有改變，印第安人也沒有改變，但是這位女士的念頭改變了，心態改變了。一念之差，使她把原先認為惡劣的情況變為一生中最有意義的冒險。她為發現了新世界而興奮不已，並為此特地寫了一本書——《快樂的城堡》。她從自己建造的牢房裡看出去，終於看到了星星。

生活中，多數失敗平庸者，主要是心態觀念出了問題。遇到困難，他們只是挑選容易的倒退之路——「我不行了，我還是退縮吧。」結果墜入失敗的深淵。成功者遇到困難，仍然是積極的心態，用——「我要！我可以」或「一定有辦法」等積極地鼓勵自己。於是便能想盡辦法，不斷前進，直至成功。

因此，成功人士的首要標誌，在於他的心態。一個人如果心態積極，樂觀地面對人生，樂觀地接受挑戰和應付麻煩事，那他就成功了一半。

最低限度，積極的心態是人人可以培養的，無論他的處境怎樣，他的氣質與智力如何，只要從下面幾個方面入手，就能成為一個具有積極心態的人——

1．**言行舉止像你希望成為的人**　積極行動會導致積極思惟，而積極思惟會導致積極的人生心態。

2．**要心懷必勝、積極的想法**　一個對自己的內心有完全支配能力的人，對他自己有權獲得任何其他東西也會有支配的能力。

3．**用美好的感覺、信心與目標去影響別人**　愁眉苦臉很可能讓人討厭，任何人

都喜歡跟積極樂觀的人在一起。

4．**使你遇到的每一個人都感到自己重要、被需要**　每個人都有一種欲望，即感覺到自己的重要性，以及別人對他的需要與感激。

5．**心存感激**　世間很多事情，常常是我們沒有珍視身邊所擁有的，而當失去它時，才又後悔不已。

6．**學會稱讚別人**　讚美是照在人心靈上的陽光，沒有陽光，我們就不能生長。

7．**學會微笑**　微笑，將為我們打開友誼之門，如果我們想要發展良好的人際關係，建立積極的心態，那麼我們非要學習微笑不可。

8．**到處尋找最佳的新觀念**　有積極心態的人時刻在尋找最佳的新觀念。

9．**放棄雞毛蒜皮的小事**　有積極心態的人不把時間精力花在小事情上，因為小事使他們偏離主要目標和重要事項。

10．**培養一種奉獻的精神**　把為別人奉獻發展成為一種生活方式，它帶來的積極結果將是無法測算的。

11．**永遠也不要消極地認為什麼事都是不可能的**　首先你要認為你能，再去嘗試、再嘗試，最後你就發現你確實能。

12．**培養樂觀精神。**

13．**經常使用自動提示語**　積極心態的自動提示語是不固定的，只要是能激勵我們積極思考、積極行動的詞語，都可以作為自我提示語。

7．什麼是愛？

作為神聖與犧牲的專用的代稱，感情是將我們同我們的心靈深處連接起來的一根銀線。我們獨特的極為私人化的愛就從這心靈深處散發出來。從那裡，它緩緩地流到我們所能感知到的真實的物質世界。

感情之井是沒有底的，它具有極強的自我更新能力。可是，如果沒有我們的意識的幫助，井中之水是不可能流湧到地面上來的。我們必須想辦法讓它們一點一點地流出來。否則，它將會永遠處於靜止狀態而被浪費掉。

失敗發生在我們成為一個正在尋求著個人目的的實現，並且為了某種可以讓自己

滿意的目標而不顧別人是否被傷害，或者在這一過程中不管採取什麼樣的手段而一味地為自己開闢道路的個人中心主義者的時候。這樣我們固然可以實現我們的目標，但我們卻不會為此而感到滿意，因為我們是以自信和內心的寧靜作為代價才去爭取使我們的目的得以實現的。如果我們以這樣的行為方式行事，那麼我們是不會為我們的成就感到幸福的，不管這成就有多大。知道我們怎樣才能置人於死地，而且以我們最最惡劣的想法去猜度別人，我們便只能得到腹背受敵的結局。因為我們已經犧牲了我們永遠也不會感到成功的喜悅。這是一種最大的失敗。

如果你是一個忌妒、怨恨和口是心非的人，那麼這一切便是你所希望的回報。難道這就意謂著成功與幸福不可能同時獲得嗎？完全不是這樣。幸福和成功可以成為一對孿生兒，如果成功是由於勤奮的努力和取得真正的業績並且沒有剝奪別人同樣的成功的權利的話，問題的答案就取決於情感的取向了。

愛也是連接我們和我們的同伴之間的橋樑。它讓我們從各個側面打量這個世界，它讓我們洞悉醜陋行為背後的恐懼以及邪惡所帶來的痛苦。它還能讓我們寬恕。寬恕是一種解救劑，它可以將我們同施向宇宙的無盡的情感連接起來。

愛，尤其是感情上的愛，是建立在一切都是主動的基礎之上的。友善與仁慈，快樂與富足、滿意與安康、勇氣與地位，勇敢、希望、健康、幸福以及成功等無一不是這樣。它們可以鞏固、創造、復蘇愛的情感。

所以，親愛的朋友們，請付出你們的愛吧！你會得到意想不到的收穫。

愛必須從自我做起。一粒自我的種子足以開花並長成一棵可以為所有到來者遮蔭的大樹；如果沒有對於自己的愛，種子將會乾枯，果子還在藤上的時候就會凋謝。

有些人恨他們自己，他們是一群很少對別人展示愛心的人，他們也是一群最大限度地獵獲我們的感情的人。

如果你是這群人中的一個，那麼，你就需要在你能夠愛別人，或者希望別人愛你之前先學會愛自己。下面是幾項讓我們前進的方法——

1．**首先要寬恕你自己**　要明白你正在盡你最大的努力，把你所擁有的才能都發揮出來。你已經這麼做了，所以讓過去的錯誤見鬼去吧。換一種心情，你會得到更多的知識，你也會做得更好。

2．**接受你的所長——讚美、禮物、成功——不要有負罪感**　振作起來，不要恐懼欠了什麼人的債，只要說聲「謝謝」就足夠了。

3．**想一想你從一個好的變化中所得到的快樂**　你不允許別人有這樣的快樂嗎？讓別人為了你、為了這種變化做點事情，不需要有什麼善意的回報——讓他去好了。

4．**摒棄毫無價值的事情。**

5．**忘掉那些虛偽的禮節**　稱讚你自己，欣賞你自己的優點。

6．**不要為自己的作為感到不安**　要知道你很好，就像你希望的那樣。

7．**承認你應該得到最好的，每個人都應該這樣**　向世界提出你的最高目標，相信你能實現這個目標。

8．**學會坦然面對成功或失敗**　如果你成功了，不要志得意滿，為了你的對手所付出的最大努力而尊重他。

9．**不要相信你的公眾名聲，要了解你的真正價值。**

10．**準備好一小撮鹽，以開放的心態對待批評**　建設性的批評可以成為反饋回來的一種有價值的資源。

8．跟往事乾杯

我們都有一種在感情之火已熄滅的時候，仍然抓緊住感情不放的傾向。愛人、孩子、失去的青春、不再適應的需求、穿舊的衣服、舊的信仰和習慣等等，都不再為我們永遠地擁有。

通常，當最為美好、最為喜歡的事物將要離我們遠去的時候，我們卻死命地抓住它們不願放手。

要放棄熟悉的一切是需要很大的勇氣的。可是最後，隨波逐流要比中流砥柱少去許多痛苦。人生的一條永恆法則就是沒有什麼事情是一成不變的。就像是年輪交替一樣，關係、習慣、觀念等等都有它們不可避免的變化過程。在這個熔爐的冶煉中，我們要麼經過鍛鍊堅強起來，要麼便在自然的法則面前消失殆盡。

我們一直都在變化之中。你看三歲時候的你和現在的你是一樣嗎？你現在的相貌

和你小時候的照片還有太多的聯繫嗎？我們的皮膚、器官、身體結構都在發生變化，變化的過程也就是死細胞脫落、壞死組織蛻化的過程。每時每刻我們的身體都在經歷著這樣的變化。

我們的心靈和情感也在發生著變化。有時候，它們變化到令我們覺得無法接受的地步，這樣便導致了許多的嘆息、犯罪和痛苦，尤其是在人與人的相互關係中。

我們都害怕變化，即使事物是在向好的方面變化的時候，為什麼有些不幸的伴侶會堅守無愛的婚姻，或者有些女人經年忍受著身體上的摧殘？對於未知的事物的恐懼使我們堅守在早就失去意義的現在的鏈條上。有時候，打破這種鏈條是必須的。那樣做的話，我們至少可以在未來的歲月中為我們自己找回自由。當所有其他的選擇都已無濟於事，已經沒有別的挽救措施了的時候，我們就應該學會放棄，以便我們能夠走向未來。

許多被愛人遺棄的人發現放棄是不可能的。儘管所愛的人已經離去很久了，可他的影子卻縈繞著她。對過去的美好時光的回憶以及被某些不愉快的記憶困擾著，她們一遍又一遍地讓傷害、輕視與永無彌合希望的裂痕存在，那些痛苦的往事也便一次又一次地折磨著她們。如果你正在對那份應該被埋葬的關係做一次剖析，那麼現在也正是你讓自己受傷的心趨於平和的時候。為了你自己，你應該這麼做。

問問令你自己傷心的原因，你是遺棄者還是被遺棄者？

誰有權利？

誰沒有權利？

誰又放棄了自己的權利？

雖然我們無法左右生活，但我們能夠左右我們對生活的反應。在這種情況下，為了重新得到選擇的權利，首先要做的應該是給自己發放忘記過去的許可證。寬恕和遺忘，並不是為了遺棄者，而是為了我們自己。我們可以清除過去，為我們未來無論充滿多麼艱辛的新生活鋪平道路。

讓所有的不如意都消失的關鍵仍然在於愛。這不僅是為了我們自己和我們過去的錯誤，而且是為了那些在人生的道路上曾經和我們交叉過的人。讓心愛的人和珍愛的東西從我們的生活中消失對於我們來說是一個挑戰。學會以優雅的態度讓它們遠去，可以使你的心靈空間充盈著一種美好的情愫。

如果你很難忘懷失去的愛，那麼下面的幾個方法也許會對你有所幫助——

1．你應該承認，雖然戀愛的結局是令人痛苦的，但在開始的時候，甚至正在進行的過程中也可能是快樂的，於是與此同時也豐富了你的人生閱歷。

2．要認識到，在原諒的過程中，你無須去寬恕或者是理解對方的行為，你所做的是讓自己的痛苦得到釋放。

3．要明白每個人都有重新選擇的權利。要彌補這種裂痕已經很不容易了。難道要你的愛人留下來而把你們的生活都弄得很痛苦，你才會感到幸福嗎？

4．把自己解放出來。不要讓痛苦和憎恨阻擋你尋求新的愛的機會。

5．痛苦所真正傷害的是給予者，而不是接受者，復仇是最不可取的一種方法。

6．要知道，我們所擁有、我們所得到以及我們所做的事情比我們所失去的要多得多。

7．最主要的快樂，是我知道了我是誰。

8．你不可能讓每個人都喜歡你，你喜歡你自己就足夠了。

9．借助改變認知來改變現實，然後改變你的習慣。試著在沒有任何外力迫壓的情況下改變你的習慣。

10．重新調整你的認知，以塑造一個勇敢的新我。

9．愛你身邊的人

一、愛你的競爭對手

競爭就像是能夠給人們帶來什麼好處一樣不斷地進行著，其實，這一現代神話給人類文明所帶來的危害是令人難以置信的。

足球場上的競爭可以引起看臺上的爭端；兩派人馬之間的爭吵可以導致大街上的混亂；宗教派別之間的爭端可以引發恐怖主義與宗派情緒。現在文明將著眼點放到其最終的倫理後果上去，競爭還可以引發戰爭災難與殘酷的殺戮。其實，惟一我們需要與之競爭的人是我們自己。不斷地提高我們自己的水平可以激發我們比以前做得更好，而不是比別人做得更好。

最有成效的教育工作者認識到這一點，並且通過鼓勵每個學生盡他們所能來最大程度地發掘他們的智力。他們慷慨地揮灑表揚，吝於使用批評，即使批評，也都是些富有建設性的批評。他們用的是激發和鼓勵的方法。他們借助建立盡可能的信任，極大限度地挖掘每個學生的潛在的能力。一個好的老師絕不會把恐懼作為一種刺激，也不會把競爭當作一種動力。恐懼可以關閉心靈，而單純的競爭也可以導致恐懼——害怕拒絕、害怕報復、害怕責備、害怕懲罰、害怕自己做得不夠好。

在這種情況下，愛又體現在哪裡呢？正是人類精神中的愛與信任，近年來在美國的城市貧民區創造了最為壯麗的景觀。在那裡，一個富有啟發力的老師成功地在一個被稱為文盲的孩子身上實施了其教育方法。即使最為頑固的孩子都更容易接受胡蘿蔔而不是棍棒，對於知識的渴求存在於我們每一個人身上——只要他還沒有被灰心與責難，推到了極致的地步。

愛是最偉大的老師。知識和滿足是我們每一個人與生俱來的權利，而不是少數人的特權。成功者快樂的源泉幾乎別無二致，或者因為解了一道數學方程式，或者掌握了某種科學的理論，而絕不可能是把別人打了一頓。那是不應該的。打人是恃強凌弱者最後的法寶，以別人作為自己成功的代價是與現代文明格格不入的。

對於每個人來說——包括你，成功有很多。但是，如果你為自己設定了一條征服所有人的道路，你就給自己穿上了一條永遠也不得安定的跑鞋。你的競爭的心理會使你不斷地看你的身旁，生怕別人會從後面趕上來。

如果你想忠誠待人，安心入睡，那麼，祕密就在於激發而不是壓制別人的熱情，和他們分享經驗。真誠地幫助他們，點燃他們的熱情，始終支持他們，直到他們成功。他們不是威脅而是未來，他們所要的是你的經驗，而不是你的工作。

最壞的極少數經營者不肯把他們的經驗傳給青年一代，生怕他們會被取代。事實上，他們不久就會被別人所取代，或者為工作所淘汰，而誰也不會為他們的離去而感到抱歉。

真正的贏者總是擁有朋友和讚美。那些不惜一切代價的贏者在失利的時候是不會有人對之表示同情的。

總而言之，同自己競爭可以提高水平。不斷努力提高自己，達到你自己所制定的

目標，並繼續走向新的目標。

要以尊敬的態度對待你的對手——

1．肯為人付出——你的知識、金錢與專業——為了相關人的共同的利益。

2．努力創造一種合作的氣氛，不管是在工作的時候還是在家裡，或者是在朋友們中間。提出供人選擇的建議而不是強制性的命令。

3．記住網路化的便捷並不是讓你死死抓住利益，它體現了給予與索取的關係。要慷慨，別人也會很高興地予以回報。如果你很貪婪，別人很快就會發現並離開了你。

4．如果你無法避免競爭，那麼至少應該尊敬你的對手，這是奧林匹克精神的本義，也是人的本義。

5．盡你自己的最大努力，不要老想著比別人做得更好。

6．要鼓勵求知的人對於知識的渴望。

7．坦然地對待失敗，不要說你遭劫了。

8・真誠地面對成功，不要得意揚揚。

9・當別人成功時，伸出你的祝賀的手。

10・為別人的成功而高興，要明白任何一個成就都可能會對我們所有的人有利。

二、愛你的鄰人

同住在一個社區多年而說不出一點有關鄰居的情況的事情，在當今時代不僅是可能，而且是完全正常的。

有人在他們自己的家裡死了六個月後才被人發現的恐怖故事，這說明了什麼呢？難道就沒有人想起他們嗎？

很多年以前，這樣的事情是絕對不會發生的。

世世代代，人們出生、成長並死於同一條街上。他們了解彼此的歷史，進出別人的家裡就像是一件例行的事一樣自然隨意。鄰居們相互照看孩子，如果有誰來串門，會引起鄰居們格外的警惕。

至於誰正要和誰結婚，他們當然知道，鄰居們引著新人們到每一家拜訪。大家生活在一起，相互幫助，鄰里之間的關係在他們看來是一件很重要的事情。

最近五十年來，高樓拔地而起，代替了貧民窟和第二次世界大戰所留下的廢墟，同時地種下了禍根。

人們在為那些明亮的新世界的建築奇蹟而歡呼的同時，卻也不幸地告別了他們原有的整個生活。

從生活的角度來說，人們發現，屋裡的盥洗室無法代替他們在遇到麻煩時的相互幫助，這些混凝土的柱子疏遠了而不是拉近了人們之間的關係。人們不願意為了借一杯糖而多走兩個門，自然他們也不願意為了同樣的目的多上兩層樓梯。

這樣的置換感仍在向前發展。沒有大門前的塵土可掃，沒有公用的窗子可擦，人們失去了作為個體的擁有感。

他們都被置於一個缺乏感情、不利於生活的結構中。不僅老人，即使是帶著孩子的年輕媽媽也被囚禁於她們小小的生活空間中。如果房頂塌了，她們不能跑出去，當然也就得不到來自後院的援助了。

本該供人們玩樂和曬太陽的園子孤零零地被冷落到了一邊。

我們需要記住，人人都是我們的鄰居，不僅僅是指住在我們隔壁的人。我們都居住在同一個星球上，呼吸著同樣的空氣，喝的是同樣的水。我們對於其他的人都負有責任，不管我們喜歡還是不喜歡的人。我們應該伸出手來與人接觸，否則我們依然生活在孤獨和與世隔絕的狀態之中。

打破人與人之間相互疏離的狀況可以以一個微笑、一句問候，或者是向人提供一次幫助開始。

這樣的姿態立即就會產生令人意想不到的效果。人們都有和睦相處的願望，很可能是他們找不到機會，或者是害怕遭到拒絕，要不就是不知道該如何開始。他們擔心會被認為是好管閑事，或者是打擾了別人，生怕讓別人討厭。於是，微笑便僵死在了唇邊，問候沒有說出來，幫助也沒有提供。

必須有人走出第一步，這個走出第一步的人為什麼不是你呢？

保持鄰里之間的和睦並不意謂著不斷地去打擾剛剛結束工作回到家裡的人，也不是不打一聲招呼就闖進別人家裡，不受歡迎地閑待下去。

你應該考慮到並且真誠地關心別人的利益，同樣，在別人希望獨處的時候，你應該尊重別人的隱私。

偶遇之際，善意的微笑、點頭說「哈囉」；幫婦人、老人家提重物，都是與鄰居友善的相處之道，久而久之，你就有一堆好鄰人了。

三、愛你的敵人

憎恨敵人，等於給予敵人力量。亦即消耗了我們的睡眠、食欲、血壓、健康、快樂。如果你的敵人知道，由於他帶給你痛苦，他一定會高興得手舞足蹈。因為你的憎恨不但於地毫無損傷，反而使你日夜飽嘗地獄的痛苦。

「如有自私的人想占你的便宜，以後就不跟他來往好了，不要企圖報復。若心存報復，你本身所受的傷害比對方更大。」這一段話，頗有大宗教家或道德家的口吻，實際並不是，它只是刊載於密歐基警察局公報的一節文字而已！

「報復」為何會使本身受害？根據《生活》雜誌指出，它甚至非常有礙健康，文中說道：「有的高血壓症是起因於個人的性格特質——怨恨，長期的積怨經常曾引起過度緊張和心臟病。」

所以，耶穌所說的「愛你的敵人」，不僅是宣導一種正確的道德觀，同時也在闡釋著二十世紀的醫學。當他說「無數次的寬恕」時，即在告訴我們預防高血壓、心臟病、胃潰瘍等疾病的最好方法。

如果你的敵人知道，由於你對他的憤恨厭惡，目前你已變得精疲力盡、神經衰弱、面目可憎，甚至已罹患心臟病，生命危急的時候你的敵人恐怕會高興得跳起來。

縱使無法做到愛你的敵人，至少也該愛自己吧！好好愛自己，不要讓你的敵人來支配你的幸福。

所以，莎士比亞說：「不要為了敵人而過度燃燒心之火，不要燒焦自己的身體。」當耶穌說「無數次的寬恕」時，他也在指出一種具有正面作用的處世之道。

不加阻遏的暴力可以升級到復仇、爭執、戰爭與混亂。如果我們先殺了人，然後再提出問題，那麼我們就永遠也中止不了這種循環。我們的將來會和我們的過去一樣充滿了血腥。我們的答案取決於我們的個體在愛我們的敵人方面所做出的努力，不管遇到什麼情況。有一句古諺叫做「好言可以化解痛苦」。

的確，當我們面對一個不願意捲入到爭執之中的人時，是很難堅持暴烈的衝突

的。這樣的觀點可以使得我們在所有的戰爭開始的時候就阻止它的發生。一旦情況到了退卻便意謂著丟臉的地步，爭執便有了它自身的價值。在這個時候，除了捲進去之外已經沒有別的路可走了。

同情於那些令人不快地利用過我們的人並非出自內心的要求，而是我們的一種境界——對於我們每一個人來說都是如此。引發這種同情的最簡單的方法，就是意識到那些齷齪的人的確是多麼地不幸福。這將有助於我們對他們表示歉意，而不是為他們的行為而感到憤怒。

卑鄙的人是不幸的，為什麼呢？因為積極的動機使生命充滿了活力，而消極的動機則使人的生命之樹枯竭。

由於怨恨與惡意而糾結到一起的人們，時時都會想得到一個並非光明正大的人的手，而這個人又是沒有信任價值也不值得信任的。他過著一種缺陷很大的生活——比起那些富有同情心的人——要有多得多的不快。

因此，你應該平息你的憤怒——

1．不要把事態發展到極端或者是讓事態升級。謹慎也是勇氣的一種表現形式。

2．別人打左臉，就把右臉湊上來，但不要把自己變成一個犧牲者。面對不公正的批評，要勇敢地說出來。

3．笑——這是最能緩解氣氛的一種方式。

4．要時時懷抱著希望。將自己置於站不住腳的地步的人，一般說來都很高興能夠重新得到別人的信任。因為沒有人願意永遠只做一名惡棍。

5．儘量不要把他們當成敵人而是當作受傷的靈魂。

6．有所行動，但不要起到相反的作用。

7．要搞清楚你並非無所顧忌地騎在你的高頭大馬上。

8．不要把爭論當作是一場戰爭，而看成是雙方觀點的一次真誠的交流。

9．經常提醒自己什麼事情也不能激怒你，除非你自己給怒火發一個通行證。

10．愛你的敵人，並不是讓你喪失公正的立場。

10．幸福的生活

一些人終身都在哀嘆人生是一個永遠的障礙跨越場。他們怨恨、詛咒他們的命運，埋怨他們所遭受到的一切不公平，抱怨他們沒有生在有錢的人家，長得不夠好看或者是運氣欠佳。他們害怕冒險，卻去嘲諷那些努力讓自己的生活變得更好的人們，憎恨獲得成功並把錢捐贈出去的人們，而對於眼前一些對於任何人，包括它們自己都沒有太多好處的小利則愛之至深。就這樣，他們奇怪他們的命運為什麼會那麼悲慘。

人生是一個障礙跨越場，當然。但是，那又有什麼不好呢？跨越障礙可以使我們永遠處於一觸即發的狀態，而不至於無聊而死。我們剛好跨越了一個鼴鼠丘，真正的大山便又躍入了我們的眼簾。好像連靠在已有的成果上休息一會兒，或者在新的挑戰突兀地挺立在我們面前，連稍喘一口氣的時間都沒有。你可以將這看成是一件令人激動的事情，也可以將之看做是一件令人厭煩的事情。不管你怎麼看都沒有關係，因為障礙跨越場依然存在。

這意謂著在失敗面前是爬起來重新開始，還是待在泥沼中抱怨，將證明我們是一個什麼樣的人，無論是對我們自己還是對別人。

我們既可以熱愛生活，也可以厭惡生活。如果我們熱愛生活，我們就會感到滿足，儘管生活中會有一些磨難與痛苦。如果我們厭倦生活，那麼，即使我們在取得了偉大勝利的時候，我們也會為下一步會如何的恐懼所困擾。

要充分地享受人生，你就必須投入到生活當中去。全身心地擁抱生活，真誠地熱愛生活。讓我們面對生活，只有受虐狂在自我欣賞的時候才會對生活感到恐怖。

人生是一件激動人心、無比美妙、充滿了挑戰的禮物，它是為那些有過各種體驗的人們而設計的。正因為如此，我們有了五官，也正因為如此，我們擁有了大腦、情感、靈感與夢想。人生就是生活，好也好、壞也好，窮也好、富也好，向更好的方向發展也好還是向不好的方向滑落也罷，無論生活是怎樣的，都要熱愛生活；一種生活不會永遠持續下去。

比如，看天氣，一旦它來了，就要接受它。不僅要接受陽光燦爛的下午，也要接受霧氣繚繞的早晨。從前，天氣的變化同我們的生活日程有著緊密的聯繫，現在，中央空調系統，切斷了我們自己同天氣之間的那種富有魔力的聯繫。雨打在你的臉上，或者是在狂風暴雨的日子裡迎著風而立，感覺是非常美妙的。你有多長時間沒有打過雪仗或者是看太陽升起了呢？也許這兩種經歷你從來沒有過吧？如果真是如此，你可真是失去了一種樂趣。現在為了工作走在泥水飛濺的路上也許並非你的本意，不過想一想演員金凱利在雨中歌唱的情景吧。無論天氣怎樣——愛會使生活變得更加美麗。

幸福不是可望不可即的，只要你能夠擺正你的心態，保持一種樂觀的精神，你就擁有了幸福生活。所以你應該——

1．到一個新的地方、一個新的景點，體驗一種新的氣候和感覺。

2．你要明白，即使你目前靠很低的收入在生活，你仍然比你的祖先還要富有。

3．在每天早上告訴自己你是多麼熱愛生活，生活中固然有很多不如意，但惟其如此，這才是一個真實而奇妙的世界。

4．抽出一點時間回顧一下，你迄今為止所做過的事情。把一些美好的事物倒帶一次，再回味一番。

5．祝賀你所取得的成就，相信你和你的人生都是成功的。

6‧冥想一下你正準備去做的讓你高興的事情，為了即將到來的快樂沉醉一番。

7‧想一想所有你愛過並給予過你愛的人。讓過去的時光在你的腦海中重現，這就是回味的魅力。

8‧每一個具有挑戰性的機遇都會讓你獲得某些有價值的東西。所以，你要緊緊抓住一切可能的機會。

「幸福」是很抽象的名詞，可「幸福」卻是人人都想追求的東西，而「幸福」對每個人而言，也都賦予不同的意義，口渴的人看到一杯水，就是幸福，坐擁金山的人看到了銀山，可能都會嫌礙眼……

所以，幸福是很簡單也是很複雜的，問題是你的心，怎麼來理解幸福的意義！

親愛的朋友，謝謝您十分耐心地看完了本書，本書並沒有「錢、錢、錢」地談個不完，然而如果您能充分理解本書的內容……那麼，恭喜您，您已經站在富人思維的出發點了！

〈全書終〉

國家圖書館出版品預行編目資料

站在富人思維的出發點／林郁 主編；-- 初版 --
新北市：新潮社文化事業有限公司，2025.02
面；　公分
ISBN　978-986-316-931-4（平裝）
1. CST：理財 2. CST：財富 3. CST：成功法

563　　　　　　　　　　113018310

站在富人思維的出發點

林郁／主編

【策　劃】林郁
【制　作】天蠍座文創
【出　版】新潮社文化事業有限公司
電話：(02) 8666-5711
傳真：(02) 8666-5833
E-mail：service@xcsbook.com.tw

【總經銷】創智文化有限公司
新北市土城區忠承路 89 號 6F（永寧科技園區）
電話：(02) 2268-3489
傳真：(02) 2269-6560

印前作業　東豪印刷事業有限公司

初　　版　2025 年 04 月